RAPPORT

LES BIBLIOTHÈQUES SCOLAIRES

(1866-1877),

PAR LE BARON DE WATTEVILLE,

DIRECTEUR DES SCIENCES ET DES LETTRES.

PARIS.

IMPRIMERIE NATIONALE.

M DCCC LXXIX

RAPPORT

À M. BARDOUX,

MINISTRE DE L'INSTRUCTION PUBLIQUE, DES CULTES ET DES BEAUX-ARTS,

SUR LE SERVICE

DES

BIBLIOTHÈQUES SCOLAIRES

(1866-1877).

RAPPORTS DU MÊME AUTEUR.

RAPPORT DU JURY INTERNATIONAL (Exposition de 1867); globes, cartes, appareils pour l'enseignement de la géographie, in-8°. Paul Dupont, 1867 (*épuisé*).

RAPPORT AU MINISTRE DE L'INSTRUCTION PUBLIQUE sur la collection des documents inédits de l'histoire de France et sur les actes du Comité des travaux historiques, in-4°. Imprimerie nationale, 1874.

RAPPORT AU MINISTRE DE L'INSTRUCTION PUBLIQUE sur le service des missions et voyages scientifiques en 1875, in-8°. Imprimerie nationale, 1875 (*épuisé*).

RAPPORT AU MINISTRE DE L'INSTRUCTION PUBLIQUE sur le service des missions et voyages scientifiques en 1876, in-8°. Imprimerie nationale, 1877 (*épuisé*).

RAPPORT AU MINISTRE DE L'INSTRUCTION PUBLIQUE sur l'emploi de la photographie dans les établissements scientifiques et littéraires dépendant du Ministère, in-4°. Imprimerie nationale, 1877.

RAPPORT AU MINISTRE DE L'INSTRUCTION PUBLIQUE sur le muséum ethnographique des Missions scientifiques, in-8°. Imprimerie nationale, 1877 (*épuisé*).

RAPPORT

À M. BARDOUX,

MINISTRE DE L'INSTRUCTION PUBLIQUE, DES CULTES ET DES BEAUX-ARTS,

SUR LE SERVICE

DES

BIBLIOTHÈQUES SCOLAIRES

(1866-1877),

PAR LE BARON DE WATTEVILLE,

DIRECTEUR DES SCIENCES ET DES LETTRES.

PARIS.

IMPRIMERIE NATIONALE.

M DCCC LXXIX.

I

RAPPORT.

NOTE PRÉLIMINAIRE.

Ce rapport aurait dû paraître dans les premiers mois de l'année 1878. Mais ayant eu l'honneur d'être chargé d'organiser et de diriger l'exposition du Ministère de l'instruction publique à l'Exposition universelle, je n'ai pu le terminer en temps opportun.

Depuis, des circonstances indépendantes de ma volonté ont retardé la publication jusqu'à ce jour.

Baron de Watteville,
Directeur honoraire.

Paris, le 30 avril 1879.

RAPPORT

À M. BARDOUX,

MINISTRE DE L'INSTRUCTION PUBLIQUE, DES CULTES ET DES BEAUX-ARTS,

SUR LE SERVICE

DES

BIBLIOTHÈQUES SCOLAIRES

(1866-1877).

MONSIEUR LE MINISTRE,

En 1866, M. Duruy, alors ministre de l'instruction publique, voulant se rendre un compte exact de l'état des bibliothèques scolaires, récemment fondées par son prédécesseur M. Rouland, demanda à M. le Secrétaire général Charles Robert de lui dresser la statistique de ces établissements et de l'accompagner d'une note explicative. M. Duruy se préoccupait d'une manière particulière de cette création nouvelle; il la considérait comme un moyen constant d'étude pour l'ouvrier et le paysan. A l'école primaire, la bibliothèque scolaire avait été utile à l'enfant, plus tard le jeune homme trouvait dans la même bibliothèque le complément des cours spéciaux créés pour lui sous le titre de *Cours d'adultes*, et auxquels M. Duruy attachait une grande importance. Devenu homme fait, l'ouvrier, le paysan pouvait encore puiser avec fruit dans les ouvrages mis à sa disposition pour occuper, par un délassement agréable, ses moments de loisir.

Tels étaient les principaux motifs de l'intérêt que M. Duruy portait à ces bibliothèques. Pour répondre à son désir, M. Charles

Robert lui en présenta la statistique la plus complète et l'abrégé
historique le plus succinct et le plus clair qu'il fût possible. Onze
ans se sont écoulés depuis l'époque où M. Charles Robert publiait
sa note [1]; onze ans apportent tant de changements, surtout dans une
œuvre qui en était alors à ses débuts, qu'il est aujourd'hui nécessaire de continuer le travail dont nous parlons et de le mettre au
courant de la situation actuelle. C'est ce que je vais tâcher de faire
dans ce rapport.

I

COMPOSITION DES BIBLIOTHÈQUES SCOLAIRES.

Les bibliothèques scolaires ont été fondées dans un double dessein : elles étaient destinées à servir à la fois aux élèves des écoles
primaires et à leurs parents, aux enfants et aux adultes. Leur fondation régulière, administrative, légale, n'est vieille que de quelques
années, mais leur origine réelle est déjà ancienne. Il y a bien longtemps, en effet, que l'État se préoccupait des moyens de répandre
dans les classes populaires le goût de la lecture, sans lequel il n'est
pas de véritable instruction, et de distribuer des livres pour donner
satisfaction à ce goût : cette préoccupation est le point de départ
de la création des bibliothèques scolaires.

Pour instruire les enfants, deux sortes d'ouvrages sont nécessaires : des livres classiques et des livres d'une lecture facile et
profitable. En conséquence, les bibliothèques scolaires ont dû être
composées de ces deux éléments essentiels : l'État a demandé aux
communes de fournir le premier; il s'est chargé du second, destiné,
nous l'avons dit, tout à la fois à l'enfant et à sa famille. Les communes ont été invitées à munir leurs écoles primaires de quelques
rayons ou d'une armoire, pour contenir les volumes qui devaient
former les nouvelles bibliothèques; puis, avec leurs ressources

---

[1] *Note sur la situation des bibliothèques scolaires en 1865.* Paris, Imprimerie impé-
riale, in-8° de 13 pages.

propres, avec le secours des conseils généraux, avec le produit des souscriptions volontaires et celui des cotisations des élèves payants pour fournitures de livres, elles ont été engagées à acquérir les *ouvrages classiques* nécessaires à tous les écoliers payants ou gra-·tuits. Enfin l'État exigea que l'instituteur, *seul bibliothécaire possible* dans les communes rurales, fût, sous le contrôle des inspecteurs primaires et des inspecteurs d'académie, investi de la garde et de la conservation des livres donnés ou achetés; en un mot, qu'il les prît *en charge*. En retour de ces légers sacrifices et de ces obligations, l'État promettait de larges distributions de livres *de lecture*.

II

HISTORIQUE DES BIBLIOTHÈQUES SCOLAIRES.

Au reste, l'État n'avait point attendu d'être assuré du concours des départements et des communes pour répandre des livres utiles. Comprenant l'intérêt d'occuper, de meubler de bonne heure l'esprit des enfants, et plus encore de ne pas laisser oisif celui de leurs parents, le Ministre de l'instruction publique faisait composer, dès 1831, et envoyait dans les écoles primaires un grand nombre d'ouvrages élémentaires, destinés à porter jusque dans les moindres hameaux les leçons d'une saine morale et les connaissances premières les plus indispensables. Les volumes ainsi répandus par les soins du Ministère représentaient, en 1848, une valeur de près de 2 millions, mais en 1850 on ne trouvait plus, dans les écoles, trace de bibliothèques. La négligence, l'insouciance des instituteurs, le manque de surveillance de la part des inspecteurs, et, de la part de l'Administration centrale, l'absence de toute réglementation, de tout contrôle sérieux, de toute inspection, étaient les causes de cette complète disparition.

Dès son arrivée au Ministère, M. Rouland se préoccupa de cette question; il fit plus et mieux que ses prédécesseurs. Le 31 mai 1860, il adressa aux préfets la circulaire suivante pour leur faire connaître l'intérêt qu'il portait à la création, dans les écoles primaires, de bibliothèques — dites *bibliothèques scolaires*.

Paris, le 31 mai 1860.

Monsieur le Préfet, mes instructions du 31 juillet 1858, relatives aux projets de construction ou d'acquisition de maisons d'école, ont produit des résultats dont j'ai lieu de me féliciter.

Des locaux plus vastes, mieux disposés, mieux aérés, sont un attrait pour les familles les plus indifférentes, et déjà on a pu constater que, dans les communes où les maisons d'école ont été installées conformément à mes prescriptions, le nombre des enfants restés jusqu'ici privés d'instruction a sensiblement diminué. Par une conséquence naturelle, les ressources de l'instituteur ont augmenté.

La mesure est donc bonne. Je désire que l'exécution en soit attentivement poursuivie. Mais là ne doit pas s'arrêter la sollicitude de l'Administration. Il ne suffit pas qu'une maison d'école soit convenablement appropriée ou assez vaste pour la jeune population qui doit la fréquenter ; il faut encore qu'elle soit pourvue du mobilier de classe nécessaire, et une petite bibliothèque-armoire, destinée à la conservation des livres, des cahiers et des cadres imprimés à l'usage de l'école, me semble un des objets les plus indispensables.

J'y attache un intérêt tout particulier et que vous apprécierez, je n'en doute pas. L'acquisition d'un corps de bibliothèque est le point de départ de la réalisation d'une pensée qui, depuis longtemps, a été l'objet des plus légitimes efforts. Doter les populations laborieuses d'un fonds d'ouvrages intéressants et utiles est un besoin qui, chaque jour, se fait plus sérieusement sentir. Une vaste organisation de bibliothèques communales répondrait à ce but ; mais cette organisation présente des difficultés qu'un concours multiple de volontés et de sacrifices permettrait seul de résoudre complètement.

En attendant, il est possible de tenter un premier essai. Mon administration accorde fréquemment des livres à un grand nombre d'écoles ; les départements, les communes, les particuliers eux-mêmes s'associent à ces dons ; je m'efforcerai d'y ajouter encore : mais la possession d'un corps

Modèle de bibliothèque donné à l'appui des prescriptions
de la circulaire du 31 mai 1860.

de bibliothèque est la condition première de la conservation des volumes. Ce point est incontestable et a déterminé la résolution dont je viens vous faire part aujourd'hui.

J'ai décidé qu'à l'avenir tout projet de construction ou d'acquisition de maison d'école, pour l'exécution duquel un secours sera demandé, devra être accompagné d'un devis spécial de dépenses afférentes au mobilier scolaire dans lequel sera comprise, en première ligne, une bibliothèque. Si le mobilier existe déjà, la bibliothèque sera seule mentionnée. Je crois devoir joindre à ma lettre un modèle qui servira à guider les communes. Chacune, selon ses ressources et selon ses besoins, adoptera un plan plus ou moins restreint; mais la modicité de prix du projet qui a été figuré ici, d'après un devis exact, permet d'apprécier combien peut être limitée une dépense dont les résultats seront si précieux.

Je vous prie, Monsieur le Préfet, de vouloir bien prêter à ces instructions toute la publicité dont votre administration dispose.

Recevez, Monsieur le Préfet, l'assurance de ma considération très distinguée.

Le Ministre de l'instruction publique et des cultes,

ROULAND.

Lorsque le Ministre vit son idée comprise et qu'il en crut le succès assuré, il prit, le 1er juin 1862, un arrêté qu'il accompagna, le 24 juin, de circulaires aux préfets et aux recteurs.

LE MINISTRE SECRÉTAIRE D'ÉTAT AU DÉPARTEMENT DE L'INSTRUCTION PUBLIQUE ET DES CULTES

ARRÊTE :

ARTICLE PREMIER. Il sera établi dans chaque école primaire publique une bibliothèque scolaire.

ART. 2. Cette bibliothèque sera placée sous la surveillance de l'instituteur dans une des salles de l'école dont elle est la propriété.

Les livres seront rangés dans une armoire-bibliothèque conforme au modèle annexé à la circulaire du 31 mai 1860.

Art. 3. La bibliothèque scolaire comprendra :

1° Le dépôt des livres de classe à l'usage de l'école;

2° Les ouvrages concédés à l'école par le Ministre de l'instruction publique;

3° Les livres donnés par les préfets au moyen de crédits votés par les conseils généraux;

4° Les ouvrages donnés par les particuliers;

5° Les ouvrages acquis au moyen des ressources propres à la bibliothèque (art. 7).

Art. 4. Aucune concession de livres ne pourra être faite par le Ministre à une bibliothèque scolaire si la commune ne peut justifier :

1° De la possession d'une armoire-bibliothèque;

2° De l'acquisition des livres de classe en quantité suffisante pour les besoins des élèves gratuits.

Art. 5. Les livres de classe seront prêtés aux moments convenables pour les exercices à tous les enfants portés sur la liste des admissions gratuites dressée conformément à l'article 45 de la loi du 15 mars 1850.

Les livres seront également mis entre les mains des élèves payants dont les parents auront souscrit la cotisation *volontaire* indiquée à l'article 7 du présent arrêté.

Les ouvrages mentionnés aux paragraphes 2, 3, 4 et 5 de l'article 3 pourront être prêtés aux familles, lesquelles prendront l'engagement de les rendre en bon état ou d'en restituer la valeur.

Art. 6. Aucun des ouvrages mentionnés aux paragraphes 2, 3, 4 et 5 de l'article 3 ne peut être placé dans les bibliothèques scolaires, soit qu'il provienne d'acquisitions, soit qu'il provienne de dons faits par les particuliers, sans l'autorisation de l'inspecteur d'académie.

Art. 7. Les ressources de la bibliothèque scolaire se composent :

1° Des fonds spéciaux votés par les conseils municipaux;

2° Des sommes portées au budget pour fourniture de livres aux enfants indigents, et que les conseils municipaux consentiraient à appliquer à la nouvelle fondation;

3° Du produit des souscriptions, dons ou legs destinés à ladite bibliothèque ;

4° Du produit des remboursements faits par les familles pour pertes ou dégradations de livres prêtés;

5° D'une cotisation *volontaire* fournie par les familles des élèves payants, et dont le taux sera fixé chaque année par le conseil départemental, après avis du conseil municipal.

Art. 8. L'instituteur communal tiendra trois registres conformes aux modèles ci-annexés :

1° Catalogue des livres (modèle n° 2);

2° Registre des recettes et des dépenses (modèle n° 3);

3° Registre d'entrée et de sortie des livres prêtés au dehors de l'école.

Ces registres, cotés et parafés par le maire, seront visés par l'inspecteur de l'instruction primaire lors de l'inspection de l'école.

Ils seront communiqués aux autorités scolaires à toute réquisition [1].

Art. 9. L'instituteur conservera et classera, dans un ordre méthodique, les mémoires, quittances, lettres et toutes les pièces de correspondance relatifs à la bibliothèque scolaire.

Art. 10. Chaque année, au 31 décembre, l'instituteur dresse, en présence du maire, la situation de la bibliothèque, ainsi que celle de la caisse. Le procès-verbal constatant cette double opération est adressé à l'inspecteur d'académie par l'intermédiaire de l'inspecteur primaire (modèle n° 4).

Art. 11. A chaque changement d'instituteur, le procès-verbal de récolement et de situation de la caisse est signé par l'instituteur sortant et par son successeur.

L'instituteur sortant n'est déchargé de toute responsabilité qu'après avoir obtenu de l'inspecteur de l'instruction primaire un certificat constatant que les formalités susindiquées ont été remplies et la prise en charge par son successeur.

Art. 12. A leur passage dans l'école, les inspecteurs de l'instruction primaire vérifient les divers registres énumérés à l'article 8. Ils s'assurent

______

[1] Voir aux pièces annexes, n°ˢ 6, 7 et 9, pages 79, 83 et 89.

que l'acquisition des ouvrages a été faite conformément aux prescriptions de l'article 6, et que la bibliothèque ne contient aucun livre donné ou légué dont l'acceptation n'aurait pas été autorisée par l'inspecteur d'académie ; ils contrôlent les recettes et les dépenses, et constatent, s'il y a lieu, les irrégularités.

Art. 13. A la fin de chaque année, l'inspecteur d'académie adresse au Ministre de l'instruction publique, par l'intermédiaire du recteur, un rapport sur la situation des bibliothèques scolaires.

Art. 14. Les recteurs, les préfets, les inspecteurs d'académie et les inspecteurs primaires sont chargés, chacun en ce qui le concerne, de l'exécution du présent règlement, qui sera affiché dans toutes les écoles publiques.

Fait à Paris, le 1er juin 1862.

Le Ministre de l'instruction publique et des cultes,

ROULAND.

Cet arrêté fut transmis aux préfets et aux recteurs par les deux circulaires dont voici le texte :

Paris, le 24 juin 1862.

Monsieur le Préfet, j'ai l'honneur de vous envoyer ampliation d'un arrêté en date du 1er juin courant, concernant les bibliothèques scolaires. J'y joins une copie de la lettre que je viens d'adresser sur le même objet à M. le Recteur de l'académie.

Il importe, Monsieur le Préfet, que l'administration académique, à qui appartiendra nécessairement la direction morale de ces bibliothèques, trouve dans l'administration départementale le concours sans lequel ses efforts seraient impuissants. M. le Recteur peut, en conseil académique, donner tous ses soins à la composition de la bibliothèque, et surtout au choix des livres de classe qui devront être employés dans les écoles primaires ; mais c'est à vous qu'il appartient d'exciter le zèle des conseils municipaux, pour la propagation d'une œuvre dont l'utilité ne peut être contestée. Veuillez donc rappeler aux conseils municipaux ma circulaire du 31 mai 1860, et les inviter à faire l'acquisition d'une bibliothèque-armoire partout où ce meuble n'aurait pas encore été placé dans les écoles.

L'attention de ces conseils devra être appelée d'une manière toute particulière sur la nécessité de la cotisation volontaire mentionnée en l'article 7 de mon arrêté. Vous leur ferez remarquer qu'au moyen de cette cotisation les enfants de familles aisées recevront les livres dont ils auront besoin, et qu'en outre les mêmes ouvrages seront prêtés aux enfants de familles indigentes, qui étaient trop souvent dépourvus de cet élément d'instruction. Ce sera un moyen de plus de faire pénétrer dans les écoles le principe d'égalité qui est dans nos institutions, et de mettre les plus pauvres en état de tirer parti de leur intelligence. Je ne doute pas que les conseils municipaux n'apprécient cette disposition, et qu'ils ne s'efforcent de seconder en cette circonstance les efforts du Gouvernement. Le conseil départemental devra, dans tous les cas, apporter, dans l'examen de cette question, tout l'intérêt qu'elle mérite. Il y aura lieu aussi de signaler au conseil général de votre département les résultats qu'on est en droit d'espérer, non seulement pour l'instruction des enfants, mais encore pour la moralisation de leurs familles, des prêts de livres qui pourront leur être faits. J'espère que le conseil général voudra bien encourager cette œuvre par l'allocation de quelques fonds.

Aucun livre, ainsi que le prescrit l'article 6 de l'arrêté, ne pourra être placé dans les bibliothèques sans l'autorisation de l'inspecteur d'académie. En fait, il sera utile, avant de faire l'acquisition de livres, de vous concerter préalablement avec ce fonctionnaire.

Je vous prie, en outre, de vous entendre avec M. l'Inspecteur d'académie, pour qu'au fur et à mesure de l'établissement d'une bibliothèque scolaire, chaque instituteur soit pourvu des registres et des imprimés dont vous trouverez ci-joints des modèles. Ces imprimés vous seront fournis, pour la première fois, au compte de mon Ministère ; MM. les Instituteurs pourront plus tard se les procurer, par telle voie que vous jugerez convenable, aux frais de la bibliothèque scolaire.

Ces registres, dont l'établissement emploiera une ou deux heures au plus, n'exigeront, par la suite, que bien peu de temps pour être tenus au courant; mais il est indispensable qu'il en soit ainsi : l'institution des bibliothèques scolaires ne saurait se soutenir, si on laissait le désordre s'y introduire, et si, par conséquent, MM. les Inspecteurs de l'instruction primaire n'y veillaient avec la plus grande exactitude.

Je n'insisterai pas davantage à ce sujet ; vous verrez, par ma lettre à M. le Recteur, par quelles puissantes considérations je tiens au succès d'une œuvre que je considère comme importante au point de vue de la moralisation publique, et je vous saurai gré de tout ce que vous ferez pour en assurer le succès.

Recevez, Monsieur le Préfet, l'assurance de ma considération très distinguée.

Le Ministre de l'instruction publique et des cultes,
ROULAND.

Paris, le 24 juin 1862.

Monsieur le Recteur, j'ai l'honneur de vous envoyer ampliation d'un arrêté en date du 1er juin courant, concernant les bibliothèques scolaires.

Par ma circulaire du 31 mai 1860, j'ai fait part à MM. les Préfets de l'intérêt tout particulier que j'attache à la création de ces petites bibliothèques, et je les ai invités à en favoriser, autant que possible, l'établissement dans les écoles primaires.

Cette recommandation a été entendue, et déjà, dans un grand nombre de communes, il a été fait acquisition du corps de bibliothèque-armoire destiné à renfermer les livres dont la bibliothèque devra être composée.

Le moment est donc venu de prescrire les mesures d'ordre qui doivent assurer le succès définitif de ce projet.

Ainsi que vous le verrez, j'ai rattaché à la formation de la bibliothèque scolaire la fourniture des livres de classe pour tous les élèves. Une cotisation volontaire ou plutôt un abonnement souscrit par les familles aisées permettra non seulement de fournir aux enfants de ces familles les livres nécessaires pour qu'ils puissent suivre utilement les exercices de la classe, mais encore de mettre, à titre de prêt, des ouvrages de même nature entre les mains des enfants reçus gratuitement dans les écoles. Ce résultat ne pourra, toutefois, être atteint que si la cotisation volontaire est fixée de telle sorte que, sans surcharger les familles, la bibliothèque, au profit de qui elle sera perçue, puisse y trouver les moyens de subvenir à cette dépense. Le conseil départemental devra prendre cette nécessité en considération lorsque, après avis du conseil municipal, il fixera, chaque année, le taux de la cotisation. Déjà, dans quelques départements, cette cotisation a été établie, et Son Exc. le Ministre des finances a bien voulu autoriser MM. les Receveurs municipaux à la percevoir en même temps et dans la même forme que la rétribution scolaire. Il y a lieu d'espérer que les excellents effets de cette mesure se feront bientôt sentir dans tous les départements, et que les enfants pauvres, trop souvent privés de livres dans les écoles de campagne, participeront désormais dans de meilleures conditions à l'enseignement public.

Je n'ignore pas, Monsieur le Recteur, que, par la nature de vos attributions, vous avez peu de relations directes, soit avec les conseils municipaux, soit avec MM. les Percepteurs. Je n'hésite point, cependant, à vous recommander expressément la formation et la surveillance des bibliothèques scolaires. Vous êtes chargé par les lois et les règlements du maintien des bonnes méthodes, et rien ne me paraît plus propre à favoriser votre influence sur la direction de l'enseignement primaire que le droit conféré au conseil académique de dresser sous votre présidence la liste des livres de classe qui devront être placés dans les bibliothèques, et dont, par conséquent, l'usage sera seul autorisé dans les écoles publiques du ressort. La liste dont il s'agit devra comprendre non seulement des méthodes de lecture, mais des livres de lecture courante, des petits traités d'arithmétique, des livres élémentaires d'histoire et de géographie, enfin tous les ouvrages indispensables pour la bonne direction des études primaires. Cette liste devra contenir un petit nombre d'ouvrages de même nature, mais elle sera dressée cependant de manière à n'alarmer aucun intérêt particulier en ayant soin de ne créer nulle part une sorte de monopole. Il serait fâcheux que, dans l'usage qu'il fera de cette faculté, le conseil académique pût être soupçonné de favoriser telle ou telle personne, fonctionnaire ou autre, avec qui MM. les Membres de ce conseil pourraient se trouver en relation d'affaires ou d'affection. Il serait injuste, cependant, de repousser un livre dont le mérite serait incontestable, par cela seul que l'auteur exercerait des fonctions publiques dans l'enseignement, et je me garderais bien de décourager ainsi les membres du corps enseignant, de qui émanent généralement les meilleurs livres d'éducation; mais, entre ces deux écueils, le conseil académique saura suivre la voie

la plus sûre et arriver, d'une part, à établir autant que possible l'unifor-
mité des livres dans les écoles du ressort, et, d'autre part, à fournir ainsi
à MM. les Inspecteurs primaires des termes de comparaison qui ne pourront que tourner au profit de la jeunesse.

Vous verrez par l'article 6 qu'aucun ouvrage ne pourra être placé dans
les bibliothèques scolaires sans l'autorisation de l'inspecteur d'académie.
Il est presque inutile de rappeler ici les considérations qui s'opposent à ce
qu'il en soit autrement. La bibliothèque scolaire est formée, avant tout,
dans l'intérêt des enfants; mais, aux termes de l'article 5, des livres pourront être prêtés aux familles. Ce sera pour elles, dans les longues veillées
d'hiver, un excellent moyen d'échapper aux dangers de l'oisiveté, et l'expérience a prouvé que, dans les campagnes surtout, la lecture à haute voix,
faite le soir au sein de la famille, a des attraits tout-puissants, et c'est
précisément afin de prévenir les funestes conséquences de choix impru-
dents ou mauvais qu'il a paru nécessaire de réglementer le colportage.
Que ne doit-on pas attendre, dès lors, d'une mesure qui, satisfaisant à
un besoin incontestable, doit le faire tourner au profit de la morale publique! Il importe donc que MM. les Inspecteurs d'académie examinent
avec le plus grand soin les livres qui seraient offerts aux bibliothèques
scolaires ou dont l'acquisition serait projetée. Sans proscrire impérieuse-
ment les ouvrages de pure imagination, ils ne les laisseront entrer dans
les bibliothèques scolaires qu'autant qu'ils reconnaîtront que les populations auront quelque chose à gagner à leur lecture; ce ne sera pas une
vaine satisfaction de curiosité qu'ils devront y trouver, mais de bons et
salutaires exemples. Les livres d'histoire devront être également choisis
avec soin, et MM. les Inspecteurs ne devront accorder leur autorisation
que lorsqu'il s'agira d'ouvrages destinés à donner aux lecteurs des idées
vraies et sages. Ces lecteurs n'auront ni le temps ni les moyens de vérifier
et de contrôler les assertions de l'historien; ils accepteront les faits tels
qu'ils leur seront présentés, et les conséquences qu'ils en tireront seront
plus ou moins justes, selon que l'historien aura été plus ou moins véri-
dique. Les livres qu'on devra placer dans les bibliothèques scolaires
devront donc avant tout être empreints d'un véritable sentiment national
et d'une grande impartialité; on aura soin d'en écarter tout ceux qui,
écrits sous l'impression d'idées préconçues, s'efforceraient de faire tourner
l'histoire au profit d'opinions qui doivent chaque jour s'effacer en présence

d'un gouvernement dont la pensée ne tend qu'à la satisfaction légitime de tous les intérêts populaires.

Les bibliothèques devant être placées dans la classe même, sous la surveillance de l'instituteur communal, il importait de prescrire les mesures propres à assurer la conservation des livres. Tel est le but des articles 7, 8, 9, 10, 11 et 12 ; c'est surtout à MM. les Instituteurs primaires qu'il appartient de veiller à leur exécution. Mais j'appelle toute votre attention sur l'article 13. Je tiens beaucoup à ce que MM. les Inspecteurs d'académie s'y conforment. Les rapports que ces fonctionnaires auront à m'adresser chaque année par votre intermédiaire devront me faire connaître si les bibliothèques sont bien tenues ; si les livres de classe y sont déposés, et si les conseils municipaux, comprenant l'utilité de cette mesure, en ont rendu, par leurs votes, l'exécution plus facile et plus efficace ; si les prêts aux familles ont été fréquents, et si cette disposition tend à se généraliser ; enfin, si des dons ont été faits aux bibliothèques et quelle est la nature des ouvrages donnés. Ils s'attacheront aussi à me faire savoir d'une manière générale, et en groupant les faits suivant leur importance, ce qu'il y aurait lieu de modifier ou d'ajouter aux dispositions de mon arrêté. Si l'expérience venait à révéler quelques besoins que je n'aurais pas prévus, je m'empresserais d'y satisfaire.

Veuillez donner communication de mon arrêté du 1ᵉʳ juin courant et des présentes instructions à MM. les Inspecteurs d'académie. J'écris directement à MM. les Préfets pour les prier de concourir, en ce qui les concerne, à la prompte formation des bibliothèques scolaires.

Recevez, Monsieur le Recteur, l'assurance de ma considération très distinguée.

Le Ministre de l'instruction publique et des cultes,

ROULAND.

Tels sont les arrêté et circulaires des 1ᵉʳ juin 1862, 31 mai 1860 et 24 juin 1862, qui ont servi de base à la création et à l'administration des bibliothèques. Avant d'entrer en matière, nous avons cru devoir reproduire dans leur intégralité ces importants documents.

III

ORGANISATION DES BIBLIOTHÈQUES SCOLAIRES.

L'arrêté du 1ᵉʳ juin 1862 ordonnait, on l'a vu, que, dans chaque école primaire, il serait créé une bibliothèque dont l'instituteur aurait la garde. Cette bibliothèque, propriété de la commune, devait comprendre d'un côté le dépôt des livres de classe à l'usage de l'école, et de l'autre les ouvrages concédés par le Ministre, les livres fournis par les préfets au moyen de crédits votés par les conseils généraux, les volumes donnés par les particuliers, et enfin ceux qui seraient achetés avec les ressources propres à la bibliothèque.

Ces ressources se composaient :

1° Des fonds spéciaux votés par les conseils municipaux ;

2° Des sommes portées au budget pour fournitures de livres aux enfants indigents et que les conseils municipaux consentiraient à appliquer à la nouvelle fondation ;

3° Du produit des souscriptions ou des legs destinés à ladite bibliothèque ;

4° Du produit des remboursements faits par les familles pour pertes et dégradations de livres prêtés ;

5° D'une cotisation volontaire fournie par les familles des élèves payants, et dont, chaque année, le conseil départemental devait fixer le taux, après avis du conseil municipal (art. 7 de l'arrêté du 1ᵉʳ juin 1862).

Toute commune qui, désirant créer une bibliothèque scolaire, sollicite le concours de l'État, est tenue de prouver :

1° Qu'elle est munie d'une bibliothèque-armoire ;

2° Qu'elle possède un nombre suffisant de livres pour les élèves gratuits (art. 4 de l'arrêté du 1ᵉʳ juin 1862).

Lorsque ces conditions sont remplies, le Ministre envoie, *franc de port* jusqu'à destination, un lot d'ouvrages proportionné au nombre d'habitants de la commune et la bibliothèque scolaire est fondée.

M. Rouland avait décidé à la même époque que tout projet de construction ou d'acquisition de maison d'école serait, à l'avenir, accompagné d'un devis spécial aux dépenses du mobilier scolaire, et que ce devis comprendrait en première ligne une bibliothèque-armoire.

L'appel de l'Administration fut entendu : un grand nombre de communes se pourvurent de corps de bibliothèque-armoire ; les départements votèrent des fonds spéciaux pour achats de livres, jusqu'à concurrence d'un total annuel d'environ 200,000 francs ; les bibliothèques scolaires parurent assurées de réussir, et elles réussirent en effet.

IV

ÉTAT DES BIBLIOTHÈQUES SCOLAIRES.

Mais, pour que leur succès fût progressif et continu, il aurait fallu que ces bibliothèques changeassent, qu'elles fussent fréquemment renouvelées ou du moins constamment alimentées par des livres nouveaux. Que de dépenses pour obtenir un semblable résultat ! Aussi, qu'est-il arrivé ? Quand le Gouvernement a fondé les premières bibliothèques, les populations rurales ont accueilli avec le plus vif empressement cette bienfaisante innovation. Souvent, incapable lui-même de lire, le paysan était heureux de voir son fils, au retour de l'école, apporter un livre qui remplissait les longues veillées d'hiver ; il écoutait, fier d'apprendre, de comprendre par son enfant ce que jusque-là il avait ignoré ; et, si on lui eût dit alors que l'école était inutile, qu'elle n'enrichissait pas le laboureur, il aurait ri, sentant en son fils une force nouvelle qui lui avait fait défaut et dont il devinait vaguement la puissance. Ce seul fait, l'éducation du père par l'enfant, était à coup sûr le meilleur et le plus beau résultat des bibliothèques scolaires ; mais comment continuer cet enseignement sans modifier, sans renouveler fréquemment les ouvrages que les composent? Dans toute famille un peu nombreuse, un premier enfant épuisait rapidement tous les livres, et ses frères plus jeunes restaient sans influence sur les parents et sans stimulant personnel.

Voilà pourquoi l'OEuvre des bibliothèques scolaires, dont l'extension avait d'abord été très rapide, est restée stationnaire dans certaines localités. Les rapports des inspecteurs d'académie sont concluants sur ce point[1].

A quelle cause attribuer ce fâcheux arrêt dans le développement de ces établissements si dignes d'intérêt? Est-ce à l'État, aux départements, aux communes que l'on doit s'en prendre? C'est, nous le répétons, à l'absence de ressources suffisantes. Mais ce triste état de choses ne peut être imputé entièrement ni au Gouvernement, ni aux départements, ni aux communes.

L'État, depuis longues années, consacre 120,000 francs par an à des acquisitions de livres, faites dans des conditions incroyables de bon marché. Cette année (1878), pour la première fois, le crédit est élevé à 200,000 francs. Avec cette somme, nous pouvons à peine suffire à répondre aux demandes de créations nouvelles qui nous sont journellement adressées[2]. Quant aux bibliothèques déjà créées et qui sollicitent des concessions nouvelles, on est forcé de n'accueillir leurs demandes que par exception, lorsqu'elles ont prouvé que, par des sacrifices, elles portent un réel intérêt à l'accroissement de leurs richesses scientifiques, en un mot, quand elles ont rempli les conditions énumérées dans la circulaire du 10 juin 1865.

Paris, le 10 juin 1865.

MONSIEUR LE PRÉFET, j'ai remarqué que parmi les demandes de livres formées par les bibliothèques scolaires, et dont le nombre augmente de jour en jour, plusieurs ont pour objet d'obtenir une concession de livres pour la seconde et même pour la troisième fois.

----

[1] Voir aux pièces annexes, n° 1, page 65, les extraits des rapports des inspecteurs d'académie.

[2] Près de 2,500 demandes en moyenne dans ces dernières années.

Afin de donner une forte impulsion à la création des bibliothèques scolaires, j'ai cru devoir n'imposer d'abord aux bibliothèques que des conditions faciles à remplir.

Mais, d'une part, les mêmes ouvrages ne peuvent être donnés plusieurs fois aux mêmes bibliothèques; d'autre part, quoique disposé à favoriser de tout mon pouvoir la création des bibliothèques scolaires, je ne puis pourvoir, avec les ressources dont je dispose, à leur entier développement; ce soin incombe aux administrations locales.

En conséquence, j'ai décidé qu'à l'avenir il ne serait fait des concessions nouvelles aux bibliothèques qui ont déjà reçu une première fois des livres du Ministère que lorsque j'aurai lieu de penser, d'après les renseignements qui me seront adressés par les autorités municipales et scolaires, que ces institutions ont donné de bons résultats et que les conseils municipaux ont contribué à leur développement en portant au budget de la commune une allocation annuelle pour achat de livres.

En conséquence, j'ai décidé que, lorsqu'une bibliothèque ayant obtenu un premier don de livres sollicitera une concession nouvelle, les pièces suivantes devront être envoyées à l'appui de la demande :

1° Une déclaration de l'inspecteur de l'instruction primaire, visée et contrôlée par l'inspecteur d'académie, constatant que la bibliothèque est bien tenue, qu'elle donne de bons résultats, et faisant connaître le chiffre des prêts dans l'année écoulée;

2° Un extrait des délibérations du conseil municipal de la commune, faisant connaître la somme portée au budget pour achat de livres autres que les ouvrages destinés aux enfants reçus à titre gratuit dans l'école.

Ces deux pièces, Monsieur le Préfet, vous seront préalablement transmises, et vous voudrez bien, en me les adressant, me faire connaître votre avis.

Recevez, Monsieur le Préfet, l'assurance de ma considération très distinguée.

Le Ministre de l'instruction publique,
V. DURUY.

L'Etat, nous le répétons, a fait de grands sacrifices.

Pendant les premières années qui ont suivi l'arrêté du 1ᵉʳ juin 1862, on a acheté des livres, sur les reliquats de crédits de l'instruction primaire, pour une somme de 100,000 francs par an.

En 1868, pour la première fois, 100,000 francs ont été inscrits au budget pour cet objet; sur ce crédit, 20,000 francs environ sont absorbés par l'emballage et le transport gratuit jusqu'à destination des livres donnés par le Ministère.

En 1872, afin de subvenir aux pertes occasionnées par la guerre, ce crédit fut élevé à la somme de 120,000 francs. Cette même somme a été inscrite depuis au budget de chaque année. Voici donc le total des sommes dépensées par l'État depuis l'origine du service :

DÉPENSES DE L'ÉTAT (1863-1877).

1863	100,000ᶠ
1864	100,000
1865	100,000
1866	100,000
1867	100,000
1868	100,000
1869	100,000
1870	100,000
1871	100,000
1872	120,000
1873	120,000
1874	120,000
1875	120,000
1876	120,000
1877	120,000
TOTAL	1,620,000

Grâce à ces libéralités des Chambres, le Ministère a pu faire de nombreuses concessions qui, au 1ᵉʳ janvier 1877, portaient à 17,764 le nombre des bibliothèques scolaires [1].

Quant aux départements, aux communes, ils n'ont point cessé de donner des preuves efficaces de leur zèle; en 1875, ils ont accordé aux bibliothèques scolaires 169,809 fr. 61 cent., comme le tableau que nous donnons le démontre. Il faut donc comparer la

[1] Au 1ᵉʳ janvier 1878, ce nombre s'élevait à 18,404, mais notre statistique portant sur l'année 1876, tous nos calculs s'arrêtent au 1ᵉʳ janvier 1877.

grandeur des besoins à satisfaire avec les ressources dont on dispose, et espérer que l'État, les départements, les communes, les particuliers eux-mêmes, redoubleront d'efforts pour améliorer une situation que chacun voudrait voir plus prospère.

MONTANT, PAR DÉPARTEMENT, DES DONS ET SOUSCRIPTIONS POUR LES BIBLIOTHÈQUES SCOLAIRES (ANNÉE 1875).

Ain	963ᶠ 00ᶜ
Aisne	2,862 76
Allier	"
Alpes (Basses-)	738 15
Alpes (Hautes-)	36 00
Alpes-Maritimes	115 00
Ardèche	427 30
Ardennes	3,741 01
Ariège	804 20
Aube	2,980 50
Aude	1,001 95
Aveyron	247 55
Bouches-du-Rhône	297 70
Calvados	732 45
Cantal	8,501 10
Charente	4,021 10
Charente-Inférieure	2,497 95
Cher	1,306 00
Corrèze	1,495 33
Corse	4,050 65
Côte-d'Or	18,481 00
Côtes-du-Nord	231 05
Creuse	147 50
Dordogne	2,533 75
Doubs	3,440 30
Drôme	2,038 00
Eure	1,936 80
Eure-et-Loir	2,540 00
Finistère	299 20
A reporter	69,437 30

Report...............	69,467ᶠ 30ᶜ
Gard............................	290 00
Garonne (Haute-)........................	359 84
Gers.............................	20 00
Gironde.......................	464 30
Hérault.........................	530 35
Ille-et-Vilaine..................	352 35
Indre...........................	259 00
Indre-et-Loire...................	1,205 05
Isère...........................	7,440 55
Jura............................	1,020 00
Landes..........................	195 00
Loir-et-Cher.....................	2,111 00
Loire...........................	413 25
Loire (Haute-)...................	492 50
Loire-Inférieure.................	479 45
Loiret..........................	992 00
Lot.............................	190 00
Lot-et-Garonne...................	493 80
Lozère..........................	165 00
Maine-et-Loire...................	993 00
Manche..........................	167 55
Marne...........................	7,967 00
Marne (Haute-)...................	5,236 30
Mayenne.........................	813 80
Meurthe-et-Moselle...............	2,473 60
Meuse...........................	2,767 17
Morbihan........................	50 75
Nièvre..........................	1,675 00
Nord............................	9,015 27
Oise............................	4,175 00
Orne............................	576 39
Pas-de-Calais....................	5,547 00
Puy-de-Dôme......................	836 10
Pyrénées (Basses-)...............	1,395 65
Pyrénées (Hautes-)...............	803 25
Pyrénées-Orientales..............	"
A reporter............	131,433 57

	Report.	131,433f 57c
Rhône.		242 65
Saône (Haute-).		1,714 00
Saône-et-Loire		1,421 90
Sarthe		455 00
Savoie		659 00
Savoie (Haute-).		529 25
Seine		1,036 00
Seine-Inférieure		200 00
Seine-et-Marne.		401 00
Seine-et-Oise.		293 00
Sèvres (Deux-).		945 64
Somme.		11,718 67
Tarn.		134 40
Tarn-et-Garonne.		170 00
Var.		207 40
Vaucluse.		301 00
Vendée.		423 90
Vienne.		85 98
Vienne (Haute-).		40 00
Vosges		3,455 65
Yonne.		8,554 00
Province d'Alger.		505 00
Province d'Oran.		1,099 60
Province de Constantine.		4,783 00
Total.		169,809 61

Si, au lieu d'examiner, département par département, les ressources que donnent depuis onze ans pour toute la France :

1° Les fonds spéciaux votés par les conseils municipaux;

2° Les sommes portées au budget pour fourniture de livres aux enfants indigents;

3° Le produit des souscriptions, dons ou legs destinés à ladite bibliothèque;

4° Le produit des remboursements faits par les familles pour pertes ou dégradations de livres prêtés;

5° Les cotisations volontaires fournies par les familles des élèves payants, et dont le taux est fixé, chaque année, par le conseil départemental, après avis du conseil municipal :

Si, disons-nous, on totalise année par année l'ensemble, on trouve que toutes ces ressources annuelles (soit départementales, soit communales) depuis 1867 donnent les résultats suivants :

1867	284,573ᶠ 21ᶜ
1868	255,927 80
1869	299,126 46
1870	301,195 87
1871-1872	179,420 10
1873	176,303 46
1874	166,686 21
1875	162,208 19
1876	177,653 61
1877	202,965 57
Total	2,206,060 48

Si maintenant on ajoute à ces chiffres les sommes dépensées par l'État dans la même période (1863-1877) et que nous avons indiquées page 24, on trouve :

1863-1877.

Fonds spéciaux	2,206,060ᶠ 48ᶜ
Budget de l'État	1,620,000 00
Total	3,866,060 48

soit 382,605 francs par an ou 207 francs par bibliothèque.

Un tableau statistique et comparatif de l'état des bibliothèques scolaires, en 1866 et en 1876, donnera, il nous semble, l'idée la plus exacte possible de ces bibliothèques. On y remarquera combien, dans les premières années, les bibliothèques scolaires avaient pris une extension rapide; on y verra aussi qu'elles n'ont pas cessé de se développer.

SITUATION COMPARATIVE DES BIBLIOTHÈQUES SCOLAIRES.

NUMÉROS D'ORDRE.	DÉPARTEMENTS.	1866.					1876.				
		NOMBRE des bibliothèques scolaires.	NOMBRE des livres de lecture à prêter.	LA BIBLIOTHÈQUE SCOLAIRE est-elle suivie? Oui.	Non.	NOMBRE des prêts pendant l'année.	NOMBRE des bibliothèques scolaires.	NOMBRE des livres de lecture à prêter.	LA BIBLIOTHÈQUE SCOLAIRE est-elle suivie? Oui.	Non.	NOMBRE des prêts pendant l'année.
1	Ain............	179	15,732	151	28	13,434	266	31,648	111	155	10,855
2	Aisne..........	109	8,066	109	*	8,288	514	54,982	359	155	38,184
3	Allier.........	86	8,917	64	22	3,479	198	18,855	105	93	8,393
4	Alpes (Basses-)...	29	1,680	21	8	690	100	8,941	58	42	2,338
5	Alpes (Hautes)...	36	3,538	33	3	1,600	86	7,615	43	43	2,724
6	Alpes-Maritimes ..	193	7,576	59	134	2,261	100	7,590	10	90	1,154
7	Ardèche........	21	1,809	17	4	2,084	82	5,374	31	51	2,237
8	Ardennes.......	293	23,113	277	16	31,277	521	62,666	422	99	57,110
9	Ariège.........	37	2,545	21	16	1,470	60	5,995	43	17	6,270
10	Aube..........	101	8,680	85	16	4,867	314	23,308	183	131	9.491
11	Aude..........	16	280	"	16	*	103	6,155	52	51	1,095
12	Aveyron	22	1,266	14	8	605	198	16,767	123	75	11,882
13	Bouches-du-Rhône	41	1,918	26	15	1.252	49	3,725	14	35	2,941
14	Calvados........	121	6,747	65	56	2,198	256	24,244	106	150	6,383
15	Cantal.........	10	1,891	9	1	2,118	91	10,134	45	46	2,185
16	Charente.......	56	1,831	26	30	867	191	19,715	57	134	4,811
17	Charente-Infér..	69	4,171	40	29	1,278	232	18,101	105	127	7,457
18	Cher..........	16	896	16	"	338	131	10,516	77	54	3,616
19	Corrèze........	4	444	4	"	106	119	9,488	70	49	3,841
20	Corse	6	396	4	2	107	82	7,095	65	17	2.998
21	Côte-d'Or......	91	2,687	46	45	2,517	281	31,044	210	71	28,518
22	Côtes-du-Nord ...	89	11,261	24	65	2,063	119	13,072	34	85	2,355
23	Creuse.........	32	668	3	29	253	106	7,050	29	77	1,798
24	Dordogne.......	53	2,426	31	22	548	146	10.329	28	118	3,261
25	Doubs.........	60	3,263	60	*	2,680	286	21,494	155	131	16,627
26	Drôme.........	46	2,220	34	12	1,837	156	10,505	100	56	3,902
27	Eure..........	46	3,194	19	27	804	197	20,076	116	81	7.744
28	Eure-et-Loir.....	104	6,407	73	31	2,277	263	23,295	103	160	8,964
29	Finistère........	9	437	2	7	87	76	8,631	39	37	8.782
30	Gard..........	31	2,040	15	16	954	68	6,846	23	45	2,580
31	Garonne (Haute-),	35	1,969	22	13	801	180	10,462	39	141	3,181

NUMÉROS D'ORDRE.	DÉPARTEMENTS.	1866.					1876.				
		NOMBRE des bibliothèques scolaires.	NOMBRE des livres de lecture à prêter.	LA BIBLIOTHÈQUE SCOLAIRE est-elle suivie? Oui.	Non.	NOMBRE des prêts pendant l'année.	NOMBRE des bibliothèques scolaires.	NOMBRE des livres de lecture à prêter.	LA BIBLIOTHÈQUE SCOLAIRE est-elle suivie? Oui.	Non.	NOMBRE des prêts pendant l'année.
32	Gers............	54	3,022	23	31	621	172	7,918	38	134	835
33	Gironde.........	131	3,416	41	90	1,169	274	19,278	174	100	6,158
34	Hérault.........	24	721	24	"	1,083	53	4,917	40	13	2,719
35	Ille-et-Vilaine....	69	6,090	26	43	3,632	111	10,175	64	47	4,612
36	Indre...........	51	4,791	44	7	2,625	110	11,679	45	65	5,977
37	Indre-et-Loire....	78	6,101	58	20	4,032	178	24,786	142	36	25,406
38	Isère...........	45	1,549	33	12	831	230	19,419	122	108	11,299
39	Jura...........	108	2,386	48	60	2,791	383	30,974	306	77	23,445
40	Landes.........	76	6,225	68	8	1,736	165	15,813	73	92	5,241
41	Loir-et-Cher.....	113	9,211	83	30	4,093	163	17,670	76	87	7,109
42	Loire...........	31	853	31	"	364	161	5,125	41	120	1,463
43	Loire (Haute-)...	1	52	"	1	"	31	2,260	11	20	1,868
44	Loire-Inférieure..	85	3,056	47	38	2,075	164	19,186	102	62	9,830
45	Loiret.........	77	5,345	77	"	1,714	176	18,470	122	54	11,517
46	Lot............	30	1,933	14	16	1,097	89	6,581	64	25	3,486
47	Lot-et-Garonne...	56	2,984	14	42	774	174	13,000	52	122	1,892
48	Lozère	7	327	4	3	164	83	6,257	47	36	1,436
49	Maine-et-Loire...	47	3,637	47	"	4,444	158	14,111	141	17	13,112
50	Manche.........	89	4,414	71	18	2,509	266	24,450	210	56	9,434
51	Marne.........	132	11,155	97	35	10,682	530	66,682	382	148	36,759
52	Marne (Haute-)..	44	2,319	20	24	879	548	79,296	537	11	65,786
53	Mayenne........	48	1,589	33	15	2,985	90	6,771	51	39	10,983
54	Meurthe	401	29,655	310	91	37,659	483	53,634	312	171	39,930
	Moselle.........	201	13,161	142	59	15,425					
55	Meuse	286	20,462	248	38	15,545	341	40,458	218	123	17,764
56	Morbihan	31	1,086	7	24	250	67	4,381	19	48	3,138
57	Nièvre.........	103	3,067	44	59	672	135	12,139	50	85	4,186
58	Nord...........	143	11,865	114	29	13,821	403	43,591	306	97	40,020
59	Oise..........	85	7,550	64	21	4,131	389	44,614	317	72	27,652
60	Orne...........	14	1,486	12	2	732	211	20,914	142	69	12,481
61	Pas-de-Calais....	108	9,085	98	10	8,002	404	38,603	311	93	30,585
62	Puy-de-Dôme....	34	2,117	33	1	1,868	164	15,760	115	49	8,279
63	Pyrénées (Basses-).	217	7,945	100	117	4,581	271	23,792	134	137	6,360
64	Pyrénées (Hautes-)	14	853	14	"	1,340	77	5,951	60	17	1,571

NUMÉROS D'ORDRE.	DÉPARTEMENTS.	1866.					1876.				
		NOMBRE des bibliothèques scolaires.	NOMBRE des livres de lecture à prêter.	LA BIBLIOTHÈQUE SCOLAIRE est-elle suivie? Oui.	Non.	NOMBRE des prêts pendant l'année.	NOMBRE des bibliothèques scolaires.	NOMBRE des livres de lecture à prêter.	LA BIBLIOTHÈQUE SCOLAIRE est-elle suivie? Oui.	Non.	NOMBRE des prêts pendant l'année.
65	Pyrénées-Orien^les .	2	221	2	»	140	38	4,616	9	29	1,481
66	Rhin (Bas-).....	782	8,287	728	54	15,695 }	36	3,395	31	5	3,304
	Rhin (Haut-)....	154	27,725	154	»	115,164 }					
67	Rhône.........	72	7,935	51	21	4,501	98	12,982	57	41	3,628
68	Saône (Haute-) ..	258	14,170	133	125	6,631	340	29,156	159	181	13,233
69	Saône-et-Loire ...	51	5,074	39	12	6,970	206	21,457	106	100	12,702
70	Sarthe.........	115	7,795	64	51	3,235	182	17,321	115	67	7,567
71	Savoie.........	88	4,167	46	42	1,799	240	18,303	118	122	8,795
72	Savoie (Haute-)..	118	4,760	61	57	1,797	179	16,202	201	78	5,002
73	Seine.........	12	974	9	3	304	350	28,901	306	44	76,872
74	Seine-et-Marne...	139	13,581	104	35	7,765	401	43,203	252	149	22,213
75	Seine-et-Oise.....	55	7,548	43	12	3,399	293	33,167	205	88	20,695
76	Seine-Inférieure..	104	5,986	101	3	2,487	177	12,736	76	101	4,114
77	Sèvres (Deux-) ..	8	539	6	2	248	283	9,857	99	134	3,646
78	Somme.........	18	1.388	12	6	1,368	478	50,608	365	113	89,241
79	Tarn..........	74	2,828	59	15	1.242	109	6,270	37	72	1,649
80	Tarn-et-Garonne..	106	4,048	64	42	1,585	109	5,104	18	91	1,556
81	Var..........	49	2,010	21	28	305	68	7,476	44	24	2,254
82	Vaucluse.......	109	1.096	26	83	201	71	5.179	39	32	2,233
83	Vendée.........	1	4	»	1	»	121	13.104	80	41	9,211
84	Vienne	17	919	4	13	157	104	10,182	75	29	3,277
85	Vienne (Haute-)..	38	3,341	38	»	775	79	8,245	36	43	3,421
86	Vosges.........	161	12,108	148	13	17,689	464	52,014	350	114	63,982
87	Yonne.........	184	11,299	123	61	10,039	461	51,535	414	47	58,089
	TOTAUX pour la France........	7,789	473,779	5,495	2,294	450,962	17,662	1,705,386	10,871	6,791	1,087,624
88	Alger..........	»	»	»	»	»	30	3,475	25	5	2,604
89	Oran..........	»	»	»	»	»	15	1.135	11	4	1,090
90	Constantine.....	»	»	»	»	»	57	6.908	26	31	2,880
	TOTAUX pour l'Algérie	»	»	»	»	»	102	11,518	62	40	6,574
	TOTAUX GÉNÉRAUX.	7,789	473.779	5,495	2,294	450,962	17,764	1,716,904	10,933	6,831	1,094,198

Deux départements sont à signaler avant tout dans cette liste:
le département des Alpes-Maritimes et celui de Vaucluse; le premier, en 1866, comptait 193 bibliothèques; en 1876 il n'en avait
plus que 100; le second, en 1866, avait 109 bibliothèques; en
1876 il n'en avait plus que 71. Ce singulier résultat s'explique facilement. A l'origine, certains instituteurs, qui avaient mal compris
les instructions ministérielles, avaient compté comme bibliothèques
scolaires des bibliothèques qui ne renfermaient que des livres de
classe et pas un volume de lecture. Une revision attentive a permis, en 1876, de rectifier de semblables erreurs.

Cette explication nécessaire étant donnée, il résulte de l'examen
de ces tableaux :

1° Que les départements qui possèdent le plus de bibliothèques
scolaires sont les suivants [1] :

Départements.	1866.	1876.	Départements.	1866.	1876.
Haute-Marne	44	548	Pas-de-Calais	108	404
Marne	132	530	Nord	143	403
Ardennes	293	521	Seine-et-Marne	139	401
Aisne	109	514	Oise	85	389
Somme	17	478	Jura	108	383
Vosges	161	464	Seine	12	350
Yonne	184	461			

2° Que les deux départements où le nombre des bibliothèques
scolaires s'est le plus augmenté sont :

Le département de la Seine, qui en 1866 n'avait que 12 bibliothèques et qui en 1876 en avait 350;

Et la Vendée, qui en 1866 avait une seule bibliothèque et en
1876 en avait 121.

Mais, d'autre part, il faut signaler les départements où ces bibliothèques ne se sont pas développées. Ce sont : la Haute-Loire,
qui en 1866 ne comptait qu'*une* bibliothèque (la statistique de
M. Charles Robert la signale comme mal tenue) et qui en 1876

---

[1] Nous n'avons pu établir de comparaison entre les anciens départements de la
Meurthe, de la Moselle, du Haut-Rhin, du Bas-Rhin, avec le département de Meurthe-et-Moselle et le territoire de Belfort.

n'en a que 31; les Pyrénées-Orientales, qui en avaient 2 et qui n'en ont que 38; les Bouches-du-Rhône, qui en avaient 41, n'en ont que 49. C'est le département qui, sous le rapport de l'accroissement des bibliothèques, a fait le moins de progrès.

Du reste, voici le tableau complet des départements rangés par ordre d'importance au point de vue de nos bibliothèques scolaires :

DÉPARTEMENTS.	NOMBRE des BIBLIOTHÈQUES.	DÉPARTEMENTS.	NOMBRE des BIBLIOTHÈQUES.	DÉPARTEMENTS.	NOMBRE des BIBLIOTHÈQUES.
Haute-Marne	548	Saône-et-Loire	206	Vienne	104
Marne	530	Allier	198	Aude	103
Ardennes	521	Aveyron	198	Basses-Alpes	100
Aisne	514	Eure	197	Alpes-Maritimes	100
Meurthe-et-Moselle	483	Charente	191	Rhône	98
Somme	478	Sarthe	182	Cantal	91
Vosges	464	Haute-Garonne	180	Mayenne	90
Yonne	461	Haute-Savoie	179	Lot	89
Pas-de-Calais	404	Indre-et-Loire	178	Hautes-Alpes	86
Nord	403	Seine-Inférieure	177	Lozère	83
Seine-et-Marne	401	Loiret	176	Ardèche	82
Oise	389	Lot-et-Garonne	174	Corse	82
Jura	383	Gers	172	Haute-Vienne	79
Seine	350	Landes	165	Hautes-Pyrénées	77
Meuse	341	Loire-Inférieure	164	Finistère	76
Haute-Saône	340	Puy-de-Dôme	164	Vaucluse	71
Aube	314	Loir-et-Cher	163	Gard	68
Seine-et-Oise	293	Loire	161	Var	68
Doubs	286	Maine-et-Loire	158	Morbihan	67
Côte-d'Or	281	Drôme	156	Ariège	60
Gironde	274	Dordogne	146	Constantine	57
Basses-Pyrénées	271	Nièvre	135	Hérault	53
Ain	266	Cher	131	Bouches-du-Rhône	49
Manche	266	Vendée	121	Pyrénées-Orientales	38
Eure-et-Loir	263	Corrèze	119	Territoire de Belfort. ⎫	36
Calvados	256	Côtes-du-Nord	119	Haut-Rhin ⎭	
Savoie	240	Ille-et-Vilaine	111	Haute-Loire	31
Deux-Sèvres	233	Indre	110	Alger	30
Charente-Inférieure	232	Tarn	109	Oran	15
Isère	230	Tarn-et-Garonne	109		
Orne	211	Creuse	106		

Un autre renseignement enfin qu'il faut mettre en évidence, qui prouve plus et mieux que tous les raisonnements l'importance et l'utilité des bibliothèques scolaires, c'est le chiffre des prêts de 1866 à 1876. Ce chiffre a toujours été en augmentant; il était de 450,962 en 1866; en 1876, il était de 1,094,198. En onze ans, il a été prêté aux enfants ou à leurs familles 7,654,240 volumes. Du reste, un tableau fera connaître, année par année, l'augmentation du nombre des bibliothèques, du nombre des volumes qu'elles possèdent, et enfin du nombre des prêts.

ANNÉES.	NOMBRE des BIBLIOTHÈQUES SCOLAIRES.	NOMBRE des VOLUMES.	NOMBRE DES PRÊTS effectués DANS L'ANNÉE.
1865..........................	4,833	180,854	179,267
1866..........................	7,789	473,779	450,962
1867..........................	11,417	721,853	642,749
1868..........................	12,395	988,728	848,910
1869..........................	14,395	1,239,165	955,121
1870 [1]..........................	//	//	//
1871 [2]..........................	13,638	1,158,742	789,677
1872..........................	14,100	1,235,793	797,629
1873..........................	14,551	1,332,842	805,582
1874..........................	15,595	1,471,037	925,358
1875..........................	16,469	1,540,697	962,416
1876 (au 31 décembre)..........	17,764	1,716,904	1,094,198

[1] Les douloureux événements de l'année 1870 ont empêché de dresser la statistique habituelle.
[2] La perte des départements du Bas-Rhin, du Haut-Rhin, de la Moselle et d'une partie du département de la Meurthe a fait tomber le chiffre des bibliothèques scolaires et partant le nombre des volumes et celui des prêts.

Au 1ᵉʳ janvier 1877, il existait donc 17,764 bibliothèques scolaires, possédant 1,716,904 ouvrages et ayant fait 1,094,198 prêts dans l'année 1876.

En résumé, depuis 1865 jusqu'au 1ᵉʳ janvier 1878, il a été prêté plus de *huit millions*[1] de volumes par les bibliothèques sco-

[1] 8,451,869 volumes.

laires. On peut dire que ces bibliothèques ont créé un public nouveau de lecteurs.

Après avoir comparé la situation des bibliothèques scolaires, département par département; après avoir donné ensuite le tableau des départements classés par ordre d'importance; enfin, après avoir indiqué la progression, année par année, du nombre de ces bibliothèques, de leurs richesses, de leurs prêts, il nous reste à nous conformer à la division administrative de la France spéciale à notre Ministère, en étudiant nos bibliothèques réparties par académies, classées par ordre alphabétique; nous obtenons alors le tableau suivant :

SITUATION, PAR ACADÉMIE, DES BIBLIOTHÈQUES SCOLAIRES AU 1ᵉʳ JANVIER 1877.
(Par ordre alphabétique.)

ACADÉMIES.	NOMBRE des BIBLIOTHÈQUES SCOLAIRES pourvues de livres à prêter aux familles, existant dans la commune.	NOMBRE DES LIVRES DE LECTURE à prêter.	LA BIBLIOTHÈQUE SCOLAIRE est-elle suivie?		NOMBRE des PRÊTS pendant l'année.
			Oui.	Non.	
Aix.................	470	40,006	230	240	13,918
Alger..............	102	11,518	62	40	6,574
Besançon	1,045	85,019	651	394	55,609
Bordeaux...........	1,030	82,212	461	569	22,912
Caen...............	1,289	119,741	765	524	47,723
Chambéry...........	419	34,505	219	200	8,797
Clermont...........	709	63,547	375	334	26,364
Dijon..............	1,739	197,322	1,394	345	166,020
Douai..............	2,320	250,450	1,763	557	205,140
Grenoble...........	554	42,913	296	258	20,162
Lyon...............	731	71,212	315	416	28,648
Montpellier	345	28,791	171	174	9,310
Nancy..............	1,288	146,106	880	408	121,676
Paris..............	2,696	286,518	1,840	856	215,397
Poitiers...........	1,248	115,669	639	609	62,706
Rennes.............	785	76,327	450	335	52,812
Toulouse...........	994	65,048	422	572	30,430
Totaux........	17,764	1,716,904	10,933	6,831	1,094,198

Mais l'ordre alphabétique qui permet de trouver immédiatement l'académie que l'on cherche ne donne pas un classement par ordre d'importance. C'est cet ordre qui a servi à dresser le tableau suivant :

SITUATION, PAR ACADÉMIE, DES BIBLIOTHÈQUES SCOLAIRES AU 1ᶜᵗ JANVIER 1877.
(D'après le nombre de leurs bibliothèques.)

ACADÉMIES.	NOMBRE des BIBLIOTHÈQUES SCOLAIRES pourvues de livres à prêter aux familles, existant dans les communes.	NOMBRE DES LIVRES DE LECTURE à prêter.	LA BIBLIOTHÈQUE SCOLAIRE est-elle suivie ?		NOMBRE des PRÊTS pendant l'année.
			Oui.	Non.	
Paris...............	2,696	286,518	1,840	856	216,397
Douai...............	2,320	250,450	1,763	557	205,140
Dijon...............	1,739	197,322	1,394	345	166,020
Caen...............	1,289	119,741	765	524	47,723
Nancy...............	1,288	146,106	880	408	121,676
Poitiers............	1,248	115,669	639	609	62,706
Besançon............	1,045	85,019	651	394	55,609
Bordeaux............	1,030	82,212	461	569	22,912
Toulouse............	994	65,048	422	572	30,430
Rennes.............	785	76,327	450	335	52,812
Lyon...............	731	71,212	315	416	28,648
Clermont............	709	63,547	375	334	26,364
Grenoble............	554	42,713	296	258	20,162
Aix................	470	40,006	230	240	13,918
Chambéry............	419	34,505	219	200	8,797
Montpellier.........	345	28,791	171	174	9,310
Alger...............	102	11,518	62	40	6,574
Totaux.........	17,764	1,716,904	10,933	6,831	1,094,198

L'examen attentif de ce tableau appelle l'attention sur un fait général qui, je crois, n'a pas encore été signalé et qui offre un grand intérêt, lorsqu'on cherche à se rendre compte de la constitution réelle de la France et de l'esprit des populations. J'y consacrerai le chapitre suivant.

V

LE DÉVELOPPEMENT DES BIBLIOTHÈQUES SCOLAIRES DANS SES RAPPORTS AVEC UNE DIVISION GÉOGRAPHIQUE NOUVELLE DE LA FRANCE.

Nous avons laissé parler la statistique sans intervenir dans l'exposé de ses résultats, autrement que pour les vérifier et les consigner.

Néanmoins un fait nous a frappé, pendant que nous transcrivions ces données positives, pour ainsi dire sous la dictée des chiffres, fait général qu'il faut se garder de rendre absolu, mais qui domine et éclaire la question.

En effet, que l'on prenne la peine de dresser la carte de notre pays d'après le tableau précédent en marquant d'un signe particulier les académies qui lisent beaucoup[1] et d'un autre signe celles qui lisent moins, on verra peu à peu la France former alors deux groupes distincts, à peu près égaux en superficie.

Une ligne de partage se dessinera. Elle ne suivra pas la ligne traditionnelle qui sépare notre pays en France du Nord ou du Midi, en France de la montagne ou de la plaine, etc. Elle présente une division nouvelle, qui oppose les départements du Nord et ceux de l'Est, comme lisant davantage, à ceux de l'Ouest et du Sud, comme lisant peu.

Que l'on trace donc sur la carte une ligne partant de Saint-Malo, passant par Orléans et Lyon et venant aboutir entre Nice et Marseille. On remarque aussitôt, et à tous égards, une différence profonde entre les deux parties séparées par cette diagonale. Le côté supérieur (en regardant la carte) réunit les régions du Nord et de l'Est; elles renferment les académies de Caen, Douai, Paris,

---

[1] La comparaison de ces trois éléments : 1° le nombre total des bibliothèques; 2° celui des bibliothèques *suivies*, c'est-à-dire fréquentées par les lecteurs; 3° le nombre des prêts, fait connaître immédiatement ce que nous appelons les académies qui lisent.

Dijon, Nancy, Besançon, Grenoble, Lyon et Chambéry[1]. On y trouve *douze mille quatre-vingt-une* bibliothèques scolaires.

Le côté inférieur de la carte comprend les régions de l'Ouest, du Centre et du Midi. Ce sont les académies de Rennes, Clermont, Poitiers[2], Aix, Bordeaux, Toulouse, Montpellier et même Alger[3]. Dans cette partie, il n'existe que *cinq mille six cent quatre-vingt-trois* bibliothèques, pas tout à fait *la moitié* de ce que possède la première.

Poussons plus loin cet examen. Voyons dans chacune de ces divisions la proportion des bibliothèques *suivies*, c'est-à-dire fréquentées par les lecteurs. Dans la première de ces régions, celle du Nord et de l'Est, celle qui compte *douze mille quatre-vingt-une* bibliothèques, on a :

> Bibliothèques suivies.   8,123
> Bibliothèques peu suivies.   3,958

La proportion des bonnes bibliothèques aux mauvaises est donc comme *huit* est à *trois*, ou des deux tiers en faveur des bonnes.

Dans la seconde région, celle de l'Ouest, du Centre et du Midi, celle qui ne renferme que 5,683 bibliothèques, on a :

> Bibliothèques suivies. . . . .   2,810 [4]
> Bibliothèques peu suivies.   2,873

Donc, dans cette région qui ne possède même pas la moitié des bibliothèques de la première, la proportion des bibliothèques

[1] Les académies de Lyon et de Chambéry sont les plus petites de la France; la première ne comprend que trois départements et la seconde n'en compte que deux.

[2] L'académie de Poitiers, qui possède 1,248 bibliothèques scolaires, semble faire une exception. Mais on doit remarquer que cette académie, la plus vaste de toutes, se compose de huit départements. L'académie de Bordeaux compte également 1,030 bibliothèques pour cinq départements. Il faut ne pas oublier que sur ce nombre 461 seulement sont suivies et 569 ne le sont pas.

[3] L'académie d'Alger, située hors de France, ne figure que *pour ordre* dans cette énumération et pour que le tableau de la page 39 concorde avec les tableaux précédents. Par son origine hétérogène la population *française* de cette académie ne présente pas assez d'homogénéité pour donner des résultats probants.

[4] Ou le quart seulement des bibliothèques suivies dans la région Nord et Est (8,123).

suivies, au lieu d'être des *deux tiers*, n'est pas tout à fait de *moitié* pour les bonnes bibliothèques.

Cette différence entre les deux régions sera rendue sensible par le tableau suivant :

DÉPARTEMENTS DU SUD ET DE L'OUEST.				DÉPARTEMENTS DU NORD ET DE L'EST.			
ACADÉMIES.	NOMBRE des BIBLIOTHÈQUES SCOLAIRES.	LA BIBLIOTHÈQUE SCOLAIRE est-elle suivie? Oui.	Non.	ACADÉMIES.	NOMBRE des BIBLIOTHÈQUES SCOLAIRES.	LA BIBLIOTHÈQUE SCOLAIRE est-elle suivie? Oui.	Non.
				Caen.......	1,289	765	524
Rennes.....	785	450	335	Douai......	2,320	1,763	557
Poitiers....	1,248	639	609	Paris......	2,696	1,840	856
Clermont...	709	375	334	Nancy......	1,288	880	408
Aix........	470	230	240	Dijon......	1,739	1,394	345
Bordeaux...	1,030	461	569	Lyon.......	731	315	416
Toulouse...	994	422	572	Besançon...	1,045	651	394
Montpellier.	345	171	174	Grenoble...	554	296	258
Alger......	102	62	40	Chambéry...	419	219	200
	5,683	2,810	2,873		12,081	8,123	3,958
	5,683				12,081		

Totaux... 17,764

Sans doute, on pourrait signaler dans ces deux groupes des exceptions. Elles proviennent de causes spéciales[1], c'est-à-dire de

[1] Voir à ce sujet les notes 1 et 2 de la page 38. Quelquefois, surtout en matière d'enseignement, les exceptions sont dues au zèle, à l'activité, au dévouement d'un fonctionnaire. D'autres fois, les causes exceptionnelles échappent momentanément aux regards les plus attentifs. Que l'on me permette à ce sujet un souvenir personnel. Lorsque mon père, le baron de Watteville, inspecteur général, dressait la *Statistique des établissements et services de bienfaisance. Rapport au Ministre de l'intérieur sur le service des enfants trouvés et assistés* (un vol. in-4°. Paris, Imprimerie nationale, 1849), il fut extrêmement étonné de trouver à Bayonne un chiffre d'enfants assistés hors de toute proportion avec la population de la ville. La cause de cette triste situation lui échappa jusqu'au jour où un procès, suivi de condamnation, lui fit connaître qu'une sage-femme de Saint-Esprit

cette complexité des faits qui existe partout et dont il faut toujours tenir compte.

Mais nous, nous cherchons ici à mettre en lumière la *somme des analogies* telle qu'elle nous apparaît, sans donner à nos conclusions une rigueur adéquate qu'elles ne comportent pas.

Nous les formulons expressément parce qu'elles peuvent diriger en l'éclairant l'attention et l'activité de l'Administration, dont la tâche est d'encourager et de développer le goût de la lecture là où il existe, de le faire naître là où il n'existe pas.

Nous ne voulons pas insister sur l'appui que pourrait prêter à nos observations le témoignage désintéressé de la science, qui nous montre dans d'autres ordres de faits d'autres résultats concordant avec les nôtres. L'anthropologie d'une part, de l'autre l'économie politique et la statistique, nous fourniraient la preuve qu'il y a en France deux régions juxtaposées dont nous avons indiqué la ligne approximative de démarcation : l'une est le domaine de l'activité et du labeur sous toutes ses formes, l'autre le pays par excellence de la vie douce et facile.

En effet, prenons par exemple dans les travaux anciens de M. Ch. Dupin, dans les ouvrages récents de MM. les docteurs Broca, Lagneau, Boudin, Magitot, dans les cartes statistiques teintées de MM. Maurice Block, Manier, Levasseur, Reclus, les cartes relatives :

Au développement de l'instruction primaire ;
A la densité de la population ;
Aux naissances légitimes et illégitimes ;
Aux mariages ;
A la mortalité ;
Aux diverses confessions religieuses ;

(faubourg de Bayonne) faisait métier de recueillir les enfants des filles mères des départements voisins, pour les déposer, moyennant salaire, au tour de l'hospice de Bayonne.

La statistique permet de constater les faits, mais les causes de ces faits, les lois qui les régissent, sont difficiles, souvent impossibles à saisir.

Au nombre des procès;

Au bien-être calculé d'après les impôts;

Aux pays agricoles;

Aux pays industriels;

Aux chemins de fer;

Aux machines à vapeur fixes;

Au maximum de la taille;

A la division ethnographique primitive de la France.

On est de plus en plus frappé de trouver cette même division par une diagonale qui sépare le Nord et l'Est du Sud et de l'Ouest, plus ou moins accentuée, nette, déterminée, mais toujours juste et évidente.

Il serait possible d'ajouter à ceux que nous venons de donner nombre d'autres exemples, mais je crois devoir les renvoyer aux pièces annexes [1].

VI

CAUSES QUI ENTRAVENT LE DÉVELOPPEMENT DES BIBLIOTHÈQUES SCOLAIRES.

Mais nous ne voulons pas nous laisser entraîner trop loin de notre sujet. Revenons aux bibliothèques scolaires en constatant que leur nombre s'accroît. Ne négligeons pas la recherche des causes qui peuvent entraver leur complet développement. Ces causes semblent pouvoir être résumées en quatre points principaux :

1° Les bibliothèques scolaires ne sont pas suffisamment surveillées. Leur conservateur, l'instituteur, n'est contrôlé que par l'inspecteur primaire, quelquefois, mais rarement, par l'inspecteur d'académie, lesquels jugent plus ou moins rapidement de la manière dont la bibliothèque est tenue. La surveillance si délicate et si

___

[1] Voir aux pièces annexes, n° 2, page 68.

détaillée que ces fonctionnaires ont à exercer sur les instituteurs leur fait souvent négliger les bibliothèques, sans qu'on puisse leur en faire un sérieux reproche; ils ne peuvent vérifier les registres, surtout les registres de prêt; ils ne tiennent pas assez la main à ce que les sages prescriptions de l'article 11 de l'arrêté du 1er juin 1862 soient strictement exécutées.

2° Dans les bibliothèques qui ne sont pas de création récente, la plupart des livres, nous l'avons dit, ont été lus et n'intéressent plus guère [1]; presque tous les instituteurs se plaignent de cet état de choses et croient trouver en l'alléguant une excuse à leur négligence. D'autre part, des volumes souvent prêtés se détruisent rapidement, et plusieurs bibliothèques nous ont été signalées dont tous les livres ont été détruits par l'usage. Nous en avons sous les yeux un exemple frappant. Un de vos prédécesseurs, Monsieur le Ministre, avait eu l'excellente idée de créer, pour le corps de garde du Ministère, une petite bibliothèque composée de quelques ouvrages choisis avec soin. Cette création était très utile, et depuis que la bibliothèque du poste existait, les soldats, autrefois oisifs et qui n'avaient d'autre distraction que le jeu de cartes, consacraient de longues heures à la lecture; mais, après quelque temps, les volumes présentaient l'état de vétusté le plus complet; ils se décousaient, se noircissaient, *perdaient leur marge par l'usure*, et nous avons été forcés de les changer fréquemment.

Il faudrait pouvoir renouveler de même les livres d'un grand nombre de bibliothèques scolaires. Mais ce que nous pouvons faire sans peine pour une petite bibliothèque placée sous notre main est impossible sur une large échelle. Malgré le bon vouloir des Chambres qui, en 1872, ont porté, de leur propre mouvement, le crédit destiné aux bibliothèques scolaires de 100,000 à 120,000 francs, puis à 200,000 francs pour l'exercice 1878, les sommes mises à la disposition de Votre Excellence suffisent à peine à la création de nouvelles

[1] Voir aux pièces annexes, n° 1, page 65.

bibliothèques dans les communes qui en sont dépourvues; or, le devoir de l'Administration, nous l'avons déjà dit, est de créer des bibliothèques là où il n'en existe pas encore, avant de songer à enrichir ou à améliorer les anciennes. La plus grosse partie de notre crédit est donc employée à la fondation de bibliothèques nouvelles, et nous ne disposons que de sommes tout à fait insuffisantes pour pourvoir à d'autres besoins. Toutefois, tant que chaque école primaire ne sera pas pourvue d'une bibliothèque scolaire, il faut appeler à notre aide les municipalités et maintenir les prescriptions de la circulaire du 10 juin 1865[1], où M. Duruy, préoccupé de la nécessité de créer partout des bibliothèques, déclarait que les municipalités qui, après avoir reçu un premier don de livres, auraient recours à l'État, devraient prouver qu'elles s'étaient imposé des sacrifices, et avaient, de leur côté, fait des achats pour leur bibliothèque.

3° Il semble aussi qu'il serait indispensable de donner les livres reliés et non brochés. Les municipalités qui achètent à la maison Dupont, dans les conditions du cahier des charges[2] établi par votre administration, reçoivent les volumes reliés, et il est incontestable que ces volumes ont plus de dix fois la durée des volumes brochés. En distribuant des ouvrages reliés, on ferait donc disparaître en partie la question si grave de l'usure des livres, mais on créerait en même temps à l'État des dépenses nouvelles qui retarderaient encore la diffusion des bibliothèques. Malgré la charge momentanée qui en résulterait pour l'État, il y a, nous le croyons, de grands avantages à adopter le système des bibliothèques formées de livres reliés, et, en mettant les reliures en adjudication, ce système deviendrait, après quelques années, économique pour l'État. J'espère pouvoir bientôt, Monsieur le Ministre, soumettre à votre haute approbation un travail complet sur cette importante question.

[1] Voir page 22.

[2] Voir pages 56 et suivantes et aux pièces annexes, n° 3, page 71.

4° Dans quelques localités nous avons eu le regret de constater de sourdes hostilités. Cette hostilité s'explique facilement. Depuis un certain temps un grand nombre de bibliothèques dites *biblio-thèques populaires* ont été fondées, soit dans les villes, soit même dans les campagnes. Les bibliothèques populaires, comme leur nom l'indique, s'appliquent à répandre des livres dans le peuple ; le clergé a les siennes, les divers partis politiques ont les leurs, et il est naturel que quelques fondateurs ne soient pas favorables aux bibliothèques scolaires, qui représentent pour eux la concur-rence de l'État. C'est, d'autre part, un devoir pour l'État de ne point se laisser écraser par ces bibliothèques sur lesquelles il a peu d'action [1] et dont il ne saurait être réellement responsable ; il est donc aujourd'hui plus important que jamais que le Ministère de l'instruction publique augmente l'action bienfaisante des biblio-thèques scolaires, qu'il les rende intéressantes, qu'il les maintienne, comme il l'a toujours fait, en dehors de tout esprit de propagande et dans le domaine serein de l'instruction et de la morale.

Cependant ne nous plaignons pas trop ; le Ministère a beaucoup fait dans ces dernières années. Nous avions 7,789 bibliothèques scolaires en 1866 ; en 1876, nous en avions 17,764 ; en 1866, 450,962 lecteurs, à peu près 57 par bibliothèque, empruntaient et lisaient nos livres ; en 1876, nous avons eu 1,094,198 prêts, qui représentent environ 61 lecteurs par bibliothèque. Il y a donc progrès, et il serait injuste autant que singulier de notre part de le nier. Toutefois, et nous ne saurions trop insister sur ce point, le progrès n'a pas été, dans les dix dernières années, aussi rapide que pendant les quatre premières qui ont suivi la fondation des bi-bliothèques. C'est à ce ralentissement dans le bien que nous vou-drions apporter un remède. Il existe beaucoup de bibliothèques scolaires, mais, dans un grand nombre de départements, quantité de communes en sont encore privées ; le Loir-et-Cher, par exemple,

[1] Voir au *Moniteur universel* les résumés des discussions du Sénat sur les biblio-thèques populaires (années 1867 et 1868).

compte 131 communes dépourvue de bibliothèque ; le Cantal, qui a 265 communes, ne possède que 91 bibliothèques.

Le progrès pour les bibliothèques scolaires est, nous l'avons prouvé plus haut, une question d'argent ; on ne saurait, par conséquent, dans l'état actuel de nos finances, proposer aucun moyen rapide de trancher la question ; mais peut-être y aurait-il une manière de donner sans retard un intérêt persistant aux bibliothèques scolaires, ce serait de créer des bibliothèques roulantes ou circulantes qui, épuisées dans une commune, seraient envoyées dans une autre. La réalisation de ce projet présente à coup sûr de très grandes difficultés. La première et peut-être la plus délicate à résoudre, c'est que les bibliothèques scolaires étant la propriété de la commune, il est impossible de les changer sans l'assentiment des conseils municipaux. Toutefois, si ces conseils acceptaient d'une manière générale le principe indispensable à la création des bibliothèques roulantes, c'est-à-dire que la commune serait propriétaire d'une bibliothèque comprenant tant de volumes, mais non point de tels ou tels volumes, l'Administration n'aurait plus à surmonter que des obstacles matériels : transports sans frais ou à peu de frais des bibliothèques, variété dans le choix des livres, etc., problèmes dont elle ne tarderait peut-être pas à trouver la solution.

Le transport des bibliothèques roulantes pourrait être confié aux soins de l'inspecteur primaire. Celui-ci recevrait en dépôt un certain nombre de caisses qu'il apporterait avec lui dans telle ou telle école, ou changerait contre une autre avec les instituteurs qui viendraient au chef-lieu d'arrondissement.

Quant à la variété dans le choix des livres, elle dépendrait de la Commission des bibliothèques scolaires, libre de ne proposer l'achat que d'un petit nombre d'exemplaires d'un même ouvrage, de manière à ne le donner à la fois qu'à une ou deux écoles par arrondissement, au lieu de le répandre en même temps dans toutes les écoles d'une même région. Il n'y a pas là de difficulté sérieuse.

Ces questions sont déjà à l'étude, et, dans sa circulaire du

24 décembre 1876, que nous croyons devoir reproduire ici, un des prédécesseurs de Votre Excellence a demandé aux recteurs de vouloir bien étudier cette question avec le concours des inspecteurs d'académie, des inspecteurs primaires et des instituteurs, et de lui faire connaître leur opinion.

Paris, le 24 décembre 1876.

Monsieur le Recteur, l'arrêté du 1ᵉʳ juin 1862 prescrit (art. 13) à MM. les Inspecteurs d'académie de me transmettre à la fin de chaque année, par votre intermédiaire, un état présentant la situation des bibliothèques scolaires du département.

J'ai l'honneur de vous envoyer ci-joints des imprimés en nombre suffisant pour permettre à MM. les Inspecteurs de dresser cette statistique en trois expéditions, dont une devra être adressée à mon administration avant la fin de février prochain.

MM. les Inspecteurs devront toujours joindre à ces tableaux un rapport dans lequel il signaleront, pour chaque département, celui des instituteurs qui se sera le plus distingué par son zèle et les services rendus aux bibliothèques en général ou, en particulier, à celle dont la garde lui est confiée. Ils indiqueront aussi quels sont les livres le plus fréquemment lus, en classant les ouvrages en quatre catégories : *littérature*, *histoire*, *agriculture* et *sciences*, et désignant nominativement ceux qui auront été prêtés le plus souvent.

Vous voudrez bien également inviter MM. les Inspecteurs d'académie à classer toutes les communes de chaque département DANS UNE SEULE SÉRIE ALPHABÉTIQUE. Je vous prie de veiller à ce que cette prescription soit exécutée sans exception, afin de faciliter les recherches dans les tableaux statistiques.

J'appelle, Monsieur le Recteur, votre attention toute spéciale sur ce travail, auquel j'attache une sérieuse importance. Cette statistique devra sans doute figurer à l'Exposition universelle de 1878, et il est à désirer qu'elle soit faite avec tout le soin et toute l'exactitude possibles. J'ai remarqué que, dans les relevés adressés les années précédentes à mon administration, on avait trop souvent négligé de porter d'une manière exacte les concessions antérieures faites aux communes par le Ministère, et j'en ai conclu que si ce renseignement facile à donner n'avait pas été consigné avec un soin suffisant, il devait également s'être glissé bien des irrégularités sur d'autres points.

Je saisis cette occasion, Monsieur le Recteur, pour insister sur diverses questions relatives au même sujet.

Il résulte des rapports joints par MM. les Inspecteurs d'académie à la statistique de l'an dernier que l'OEuvre des bibliothèques scolaires est loin de continuer à progresser comme par le passé. Elle semble même être actuellement stationnaire.

Cette situation paraît tenir à deux causes :

1° Le nombre des volumes qui composent les bibliothèques scolaires ne s'accroît pas suffisamment, parce que leur détérioration hâtive en met rapidement un grand nombre hors de service ;

2° Le nombre des lecteurs diminue parce que, dans beaucoup de localités, les ouvrages existants ont été lus et relus.

De là deux questions capitales :

1° Conservation des volumes existants ;

2° Renouvellement des ouvrages.

Pour empêcher la détérioration des volumes, il serait important, pour ne pas dire indispensable, de faire relier tous les volumes. On arriverait sans doute à ce résultat si les conseils généraux voulaient se décider à appliquer exclusivement, pendant au moins une année, à la reliure des ouvrages la totalité de la subvention qu'ils accordent annuellement aux bibliothèques. Là où les ressources ainsi réalisées ne suffiraient pas, on pourrait engager les instituteurs à ouvrir des souscriptions auxquelles ils inviteraient leurs anciens élèves et les familles de la commune à prendre part. Il est évident que, si l'on ne se hâte pas d'obvier à l'inconvénient signalé, dans un délai très court, il n'y aura plus de volumes dans les bibliothèques, et que, par suite, les efforts et les sacrifices faits depuis dix ans n'auront donné aucun résultat.

Quant à l'avenir, il est facile d'empêcher que le danger ne se reproduise. En effet, l'Administration a mis autrefois en adjudication la fourniture des livres aux bibliothèques scolaires. L'adjudicataire s'est engagé à fournir aux bibliothèques les ouvrages portés sur le catalogue publié par le Ministère, tout reliés et rendus *franco* à la gare la plus voisine, à un prix inférieur de 10 p. o/o au prix de vente.

Il faut aussi que les instituteurs, bien pénétrés de leur mission, sachent qu'ils sont responsables de la conservation des volumes, qu'aucun ouvrage ne peut disparaître de la bibliothèque, et que les livres perdus ou gravement détériorés doivent être remplacés aux frais des personnes qui les ont mis hors de service ou qui les ont fait sortir de la bibliothèque. Lorsqu'un des volumes sera détruit, le fait devra être constaté par un procès-verbal de destruction qui sera soumis aux autorités compétentes.

La seconde question, celle du renouvellement des volumes, est complexe et plus difficile à résoudre que la première.

Il s'agit d'abord d'acquérir de nouveaux ouvrages qui viennent alimenter et accroître le fonds existant. L'Administration y contribue dans une très large part. Elle fait son possible pour amener la fondation de bibliothèques nouvelles et encourage celles qui donnent de bons résultats. Mais l'Administration ne saurait tout faire. Les conseils généraux, eux aussi, font des sacrifices dans ce but. Les municipalités pourraient également être engagées à coopérer à l'œuvre entreprise, car elles ne font pas tout ce qu'elles devraient faire.

Il serait essentiel que les instituteurs, convaincus de l'importance de cette œuvre, pussent faire partager leur conviction aux maires et aux municipalités, afin d'obtenir le vote de subventions indispensables pour la conservation et l'extension de ces utiles institutions. Les inspecteurs, dans leurs tournées, pourraient aussi agir d'une façon efficace en mettant en lumière les services qu'on en doit attendre.

Enfin les souscriptions faites dans les familles et parmi les anciens élèves des écoles ont donné dans le passé d'excellents résultats. Les instituteurs les ont trop négligées dans ces derniers temps. Ce serait là un moyen facile qui, s'il ne doit pas produire des ressources sérieuses dans un grand nombre de localités trop pauvres pour pouvoir faire de grands sacrifices, pourra pourtant faire récolter quelques sommes, et servira surtout à faire connaître l'œuvre et déterminer les populations à seconder une institution à laquelle elles participeront dans une mesure si faible qu'elle soit.

Il y aurait enfin un autre moyen de renouveler les bibliothèques, ce serait de créer des bibliothèques roulantes et d'organiser un système d'échange entre les établissements, de façon qu'ils envoient dans les bibliothèques voisines les ouvrages déjà lus, et que ces bibliothèques, à leur tour, leur renvoient en échange les ouvrages qui ne trouvent plus de lecteurs chez elles.

Le mode pratique d'opérer offre certaines difficultés, et c'est là une question à approfondir et à étudier avec soin. La solution ne saurait être obtenue immédiatement, mais il serait bon de s'en préoccuper.

Je pense que le rôle des inspecteurs a une très grande importance et que leur intervention peut être des plus efficaces. C'est à eux qu'il appartient de faire bien comprendre aux instituteurs et aux municipalités la haute portée de l'œuvre et les résultats pratiques qu'on en peut attendre. Ils doivent stimuler le zèle des instituteurs, leur montrer le parti qu'ils peuvent tirer des bibliothèques, et leur rappeler quelle est leur responsabilité.

Toutes les questions que j'ai indiquées plus haut pourraient être traitées par écrit dans les conférences pédagogiques. On pourrait demander aux instituteurs de faire connaître leur avis sur l'importance des bibliothèques, les résultats qu'elles doivent donner, les systèmes pratiques d'échange qui sembleraient pouvoir être appliqués aux bibliothèques existantes, de manière à en faire de véritables bibliothèques circulantes.

Il serait bon que les inspecteurs insistassent aussi sur ce point que la bibliothèque scolaire ne doit pas être placée dans une salle de la mairie, mais bien dans la salle de classe de l'école, et cela toujours et sans aucune exception. Cette prescription me paraît avoir souvent été mise en oubli.

Trop souvent aussi des communes sollicitent des concessions de livres, soit directement, soit par l'intermédiaire de MM. les Députés ou de MM. les Sénateurs, sans avoir, au préalable, fait l'acquisition de l'armoire réglementaire exigée pour assurer la conservation des volumes. Il en résulte que les livres restent dans les caisses d'envoi tout ouvertes. Il est dès lors très difficile, pour ne pas dire impossible, de s'en servir, et ils ne tardent pas à se perdre. Je suis décidé à ne plus accorder aucune concession aux communes qui ne justifieront pas rigoureusement de la possession d'une armoire.

Je remarque dans les rapports qui m'ont été adressés que, dans certaines écoles, pour accroître le nombre des lecteurs, on a supprimé la rétribution exigée d'eux. Il y a là un fait qui me surprend. La bibliothèque scolaire doit être essentiellement gratuite, et si l'instituteur peut accepter et même provoquer des dons et des souscriptions volontaires, il doit toujours et à tous prêter les ouvrages gratuitement.

Il est indispensable que le contrôle des inspecteurs soit sérieux et efficace; ils doivent, quand ils visitent les écoles de leur ressort, donner une attention toute spéciale à la tenue de la bibliothèque et examiner de très près les causes d'insuccès de telle ou telle bibliothèque; se bien rendre compte si l'absence de lecteurs est due simplement à ce que tous les volumes ont été lus et n'offrent plus d'intérêt; si elle est due à l'indifférence des habitants qui se tiennent volontairement à distance, ou à la faute de l'instituteur.

J'insiste, en dehors des tournées d'inspection, sur l'importance des conférences pédagogiques, dans lesquelles on peut stimuler et éclairer les instituteurs.

Outre ces conférences, il est un moyen qui a réussi dans les écoles du territoire de Belfort, et que je signale à votre attention. On y prête, comme partout, les livres aux habitants des communes et aux élèves des écoles et des cours d'adultes. Seulement, en ce qui concerne les élèves, quand ils rapportent les volumes, on leur fait rendre compte de leurs lectures devant leurs camarades réunis. Ce procédé a le double avantage de faire lire avec plus d'attention et, par conséquent, avec plus de fruit par ceux qui empruntent, et de donner envie à ceux qui entendent le compte rendu fait par leurs condisciples d'emprunter à leur tour.

Je vous serai obligé, Monsieur le Recteur, d'examiner ces divers points et de me faire part, lorsque vous m'enverrez les tableaux statistiques pour l'année 1876, des observations qu'ils vous auront suggérées.

Recevez, Monsieur le Recteur, l'assurance de ma considération très distinguée.

Le Ministre de l'instruction publique et des beaux-arts.

WADDINGTON.

VII

TENUE DES BIBLIOTHÈQUES SCOLAIRES.

La tenue des bibliothèques est une grave question et de cette question dépend en grande partie le succès.

Nous fournissons aux instituteurs des registres pour catalogues, des registres de recettes et dépenses, des registres de prêt, des feuilles d'acquisition [1], etc., en un mot tout ce qui peut leur être utile pour la bonne tenue des bibliothèques. Cependant, nous l'avons dit plus haut et tous les inspecteurs d'académie s'en plaignent, un grand nombre de bibliothèques scolaires sont mal tenues, malgré les efforts des inspecteurs primaires et des inspecteurs d'académie. Les livres s'égarent sans que l'instituteur prenne la peine d'en demander le prix à qui les a perdus; l'instituteur prête des livres sans prendre soin de les inscrire; il néglige, en quittant l'école, de dresser l'état réglementaire de la bibliothèque, sans lequel le maire ne peut exercer aucun contrôle, et il ne fait pas prendre en charge à son successeur les livres qu'il laisse. Enfin, il néglige de faire connaître aux inspecteurs primaires (quelquefois il ne l'ose) que certains emprunteurs refusent de rendre les ouvrages qui leur ont été confiés. D'autres fois, certains maires, de leur autorité privée, transforment en bibliothèques populaires ou municipales nos bibliothèques scolaires. On portera, en partie, remède à ce mal très fâcheux en insistant auprès des autorités locales sur l'importance que Votre Excellence attache à la bonne tenue des bibliothèques, puis en donnant plus de variété aux bibliothèques; l'instituteur s'intéressera naturellement à des livres qu'on lui demandera plus souvent, qui plairont davantage, et dont le contrôle sera forcément fait lorsqu'on les échangera contre d'autres. Mais tout remède, je le crois, sera insuffisant, si l'on ne crée pour les bibliothèques sco-

---

[1] Voir les spécimens aux annexes. n°ˢ 4, 5, 6, 7, 8 et 9, pages 77 et suivantes.

laires une inspection sérieuse avec des inspecteurs spéciaux. C'est
là une nécessité qui s'accuse tous les jours davantage : la question
est trop importante pour être traitée dans ce travail, et, d'ailleurs,
je vous ai déjà remis, Monsieur le Ministre, un rapport spécial à
ce sujet [1].

VIII

RÔLE DE LA COMMISSION DES BIBLIOTHÈQUES SCOLAIRES.

Nous avons nommé tout à l'heure la Commission des bibliothèques scolaires ; donnons quelques détails sur la mission importante qui lui est confiée.

Cette Commission se compose de :

MM. Levêque, président, professeur au Collège de France, membre de l'Académie des sciences morales et politiques ;

Goepp, secrétaire, chef du bureau des bibliothèques scolaires ;

Baudry, conservateur adjoint à la bibliothèque Mazarine ;

Blanchard, professeur au Muséum d'histoire naturelle, membre de
l'Institut ;

Boeuf (l'abbé) ;

Boutan, directeur de l'enseignement primaire ;

Cadet, chef de bureau au Ministère de l'instruction publique ;

Chasles (Émile), inspecteur général des langues vivantes ;

Chouquet, conservateur du Musée des instruments de musique ;

Desplats, professeur au lycée Saint-Louis ;

Du Mesnil, directeur de l'enseignement supérieur ;

Focillon, directeur de l'école Colbert ;

Gérardin, inspecteur général de l'enseignement primaire ;

Gervais, professeur au Muséum d'histoire naturelle ;

d'Héricault, homme de lettres ;

Loudierre, ancien professeur de lycée ;

Manuel, inspecteur général ;

[1] Le budget de 1878 porte création d'un emploi d'inspecteur des bibliothèques
scolaires. Il serait à désirer que ces importantes fonctions fussent réparties entre plusieurs fonctionnaires.

MM. Petit, ancien professeur de faculté;

Pigeonneau, professeur au lycée Louis-le-Grand;

de Rillé, inspecteur général des orphéons de France;

Sachot, homme de lettres;

Théry, inspecteur général de l'enseignement secondaire;

Baron de Watteville, directeur des sciences et des lettres.

La Commission des bibliothèques siège au Ministère de l'instruction publique et elle est chargée de désigner les ouvrages qui, par leur clarté, leur simplicité, leur intérêt, leur moralité, conviennent le mieux aux bibliothèques scolaires. Avec quel zèle et quel soin elle s'acquitte de ce travail, tous ceux qui s'occupent de ces questions le savent et l'ont reconnu bien haut! On nous permettra cependant, pour en donner quelque idée à ceux qui l'ignorent, de dire que chaque ouvrage est l'objet d'un rapport spécial, signé par le rapporteur, discuté et admis ou écarté [1], après que la Commission a donné son avis. Il faut examiner le catalogue des ouvrages autorisés pour les bibliothèques scolaires; en le lisant, on sera frappé à la fois de l'énorme travail accompli par la Commission et de l'impartialité absolue, de la sage réserve dont elle a fait preuve dans le choix du nombre pourtant si considérable des volumes qu'elle a admis. On rendra surtout justice à la vigilance avec laquelle ses membres ont su écarter de nos bibliothèques certains ouvrages de polémique destinés à faire naître entre nos lecteurs des discussions irritantes, qui ne sauraient profiter ni à l'instruction ni à la moralisation.

[1] Voir la note, déjà citée, de M. Ch. Robert, page 16 : «Le rejet, loin d'impliquer un blâme pour le livre écarté, est souvent motivé sur ce que l'ouvrage proposé est trop savant pour être placé dans une bibliothèque scolaire. La Commission se préoccupe, en effet, surtout de trouver de bonnes lectures pour les habitants des communes rurales et les ouvriers des villes. Sa mission, d'un autre côté, ne consiste pas à frapper simplement d'un veto des livres mauvais; elle ne procède pas et ne doit pas procéder comme la *commission du colportage;* elle doit, au contraire, laisser de côté les livres si nombreux qui, sans être nuisibles, absurdes ou inexacts, ne peuvent cependant invoquer que les bonnes intentions de l'auteur pour racheter leur médiocrité ou leur mérite très secondaire.»

Puisque je suis amené à parler du catalogue, véritable guide des bibliothécaires qui veulent, par des achats intelligents, augmenter leurs richesses, j'aurai à insister sur les très nombreuses divisions sous lesquelles les ouvrages sont répartis par catégories dans le classement par ordre de matières. Ce document a été dressé en vue de personnes qui ne sont pas initiées aux principes de la science bibliographique. Pour faciliter leurs recherches, il fallait, en classant les ouvrages d'après un ordre méthodique, multiplier les divisions et prendre un système qui s'écartât de celui qu'ont adopté les bibliographes, la classification de Brunet, qui n'aurait pu servir à nos lecteurs. Il fallait également ne pas craindre de placer le même ouvrage sous des rubriques différentes. Cette règle, du reste, est applicable à tous les classements méthodiques; car, suivant l'objet des recherches, un même ouvrage peut être étudié sous des rapports bien différents. Selon le point de vue sous lequel on se place on peut, pour prendre un exemple frappant, classer les *Aventures de Télémaque* soit parmi les ouvrages d'éducation, de littérature, de philosophie ou même d'économie politique, soit aux poèmes en prose, aux imitations de l'antiquité, aux voyages imaginaires ou aux romans.

La question des romans, des fictions des ouvrages d'imagination pure, est une de celles qui ont été l'objet de l'attention, de l'examen le plus approfondi de la part de la Commission. Et après de longs et sérieux débats, elle s'est prononcée dans un sens favorable à l'introduction de ces sortes d'ouvrages dans nos bibliothèques. Quelques esprits timorés, cependant, lui en ont fait un reproche.

L'enquête à laquelle s'est livrée l'Administration, dans la France entière, pour savoir quels étaient les ouvrages les plus recherchés de nos lecteurs, a confirmé la décision de la Commission.

Lorsqu'en 1877 j'eus l'honneur d'être envoyé par votre prédécesseur, en Angleterre, avec mon savant ami M. Léopold Delisle, pour représenter la France au congrès des bibliothécaires, je vis, sans la moindre surprise, la même question se soulever à Londres.

Quelques bibliothécaires anglais se montrèrent énergiquement opposés à l'introduction des romans dans les bibliothèques populaires [1]. Instruit par les débats auxquels j'avais assisté et auxquels j'avais pris part, je pus défendre les œuvres d'imagination, et si je vous demande, Monsieur le Ministre, la permission de rappeler mon bref discours, c'est que j'espère avoir pu résumer en quelques mots l'opinion qui a prévalu sur le point important qui nous occupe.

« Le baron de Watteville, vice-président, prend la parole :

« La question de l'introduction des romans (moraux, bien entendu) et des fictions dans les bibliothèques populaires et scolaires s'est imposée depuis longtemps à l'attention du Gouvernement français. Depuis dix ans, nous avons fondé, en France, près de 1,000 bibliothèques *populaires*, plus de 17,000 bibliothèques *scolaires*. Nous avons des renseignements précis sur les ouvrages les plus recherchés par les lecteurs, et ces lecteurs sont nombreux, car les bibliothèques prêtent, les unes et les autres, près de 2 millions de volumes par an. Vous le voyez, Messieurs, je parle en m'appuyant sur des faits. Or, la règle constante, la voici. Quand une bibliothèque se fonde, on lit d'abord les romans, puis les voyages, puis les biographies, puis les ouvrages d'histoire. Lorsque ces catégories ont été épuisées, on peut dire que le goût de la lecture a été inculqué aux habitants. Je m'étonne, Messieurs, de voir une semblable question soulevée dans cette assemblée, dans la patrie des Walter Scott, des Disraeli, des Dickens, pour ne nommer que trois des vôtres. L'Europe entière rend hommage au talent et à la moralité de vos écrivains, et partout on est heureux de pouvoir introduire les romans anglais dans les bibliothèques populaires. Les romans sont les amorces et les hameçons avec lesquels on attire et l'on prend les lecteurs. »

Si j'ai cru devoir insister sur cette discussion, Monsieur le Ministre, c'est que vous vous rappelez, sans doute, que la question

[1] Il n'existe pas de bibliothèques scolaires en Angleterre.

des romans est toujours une des plus controversées lorsqu'il s'agit
de fonder une bibliothèque populaire ou scolaire [1].

Pour revenir à la Commission des bibliothèques scolaires, elle
n'examine ordinairement que les ouvrages qui lui sont présentés
par les éditeurs ou les auteurs; et, quelque grande que soit la
tâche, même dans ces conditions, elle devrait être agrandie encore
si le système des bibliothèques roulantes était adopté. Forcée alors
de choisir un plus grand nombre de livres, elle aurait, en effet,
beaucoup plus d'ouvrages à examiner sans y être sollicitée et de sa
propre initiative. Le zèle que les savants qui la composent ont
montré jusqu'à ce jour pour la diffusion des connaissances utiles
nous rend certains qu'ils ne se refuseraient point à ce surcroît de
travail.

IX

ACHATS DE LIVRES. — ADJUDICATION.

Mais, nous le répétons, pour pouvoir créer des bibliothèques
roulantes, il faut obtenir l'adhésion des municipalités qui sont *pro-*
priétaires. Les bibliothèques scolaires, en effet, et nous l'avons fait
remarquer, sont composées de deux parties :

1° De livres classiques à l'usage des élèves qui ne seraient pas
déplacés;

2° De livres de lecture qui devraient être souvent renouvelés.

L'État fournit la plupart de ces derniers; les bibliothèques en
achètent un certain nombre à l'aide de leurs ressources person-
nelles, des subventions des particuliers, de la commune ou du département. Pour faciliter ces achats aux municipalités, le Ministère
de l'instruction publique a mis en adjudication la fourniture des

---

[1] Voir : *Transactions and proceedings of the Conferences of Librarians, held in Lon-*
don. Third sitting, Wednesday morning, october 3rd, pages 152 et suivantes. L'opinion
que j'avais soutenue a été approuvée par toute la presse anglaise; je suis heureux de
pouvoir ici la remercier publiquement de son extrême bienveillance.

ouvrages destinés aux bibliothèques scolaires; et tous ceux qui s'occupent de ces questions se rappellent que M. Paul Dupont a consenti à fournir les volumes reliés et envoyés à destination, francs de port, à un prix de 10 p. o/o moins élevé que celui qui est porté sur les catalogues des éditeurs pour les mêmes volumes brochés[1]. Cependant, loin de profiter de ces avantages, les municipalités ont employé pendant ces dernières années des sommes importantes à des achats faits en dehors de la maison Dupont. L'état ci-dessous en est la preuve.

ÉTAT PAR ANNÉES : 1° DES DONS ET SOUSCRIPTIONS FAITS POUR ACHATS DE LIVRES AUX BIBLIOTHÈQUES SCOLAIRES ; 2° DES VENTES EFFECTUÉES PAR LA MAISON DUPONT, SOUMISSIONNAIRE DU MINISTÈRE ; 3° DES SOMMES EMPLOYÉES POUR ACHATS DE LIVRES EN DEHORS DE CETTE MAISON.

ANNÉES.	MONTANT DES DONS ET SOUSCRIPTIONS pour les bibliothèques scolaires.	TOTAL des VENTES DE LIVRES effectuées par l'adjudicataire pour les bibliothèques scolaires.	DIFFÉRENCE.
	fr. c.	fr. c.	fr. c.
1868.........................	255,127 80	91,100 47	164,027 33
1869.........................	332,237 93	100,196 79	232,041 14
1870-1871.....................	179,420 10	40,543 85	128,876 25
1872.........................	175,637 46	38,284 17	137,353 29
1873.........................	193,154 21	59,890 28	133,263 93
1874.........................	163,540 44	52,913 62	110,626 82
1875.........................	169,809 61	60,640 24	109,169 37
Totaux[1]...............	1,468,947 55	453,569 42	1,015,358 13

[1] Les sommes portées à ce tableau spécial ne concordent pas exactement avec les sommes portées au tableau de la page 28. La raison doit en être indiquée : le tableau des fonds spéciaux comprend l'état des sommes qui figurent au budget des départements et des communes. Le tableau que nous donnons ici comprend, en outre, des sommes versées directement par des particuliers soit à des éditeurs, soit à la maison Dupont, pour acheter des ouvrages.

[1] Voir aux annexes, n° 3, page 71, le cahier des charges imposé à la maison Paul Dupont et approuvé par M. Jules Simon, alors ministre.

Cette persistance à ne pas profiter d'avantages très réels, pour garder sans doute une apparence plus grande de liberté, serait de nature à faire craindre que les conseils municipaux ne consentissent point à des échanges de bibliothèque scolaire à bibliothèque scolaire, car leur consentement devrait les amener à ne plus se servir pour leurs achats que de la maison Dupont, soumissionnaire du Ministère, afin que l'échange des livres pût se faire sur un prix invariable et indiscutable. Mais le zèle que chacun montre aujourd'hui en France pour tout ce qui touche aux intérêts de l'instruction nous donne confiance dans les municipalités. Elles comprendront sans doute que la nécessité de n'employer que l'adjudicataire permet à toutes les bibliothèques de s'enrichir davantage sans augmenter leurs dépenses, et elles se décideront, je l'espère, à faire pour le bien général ce qu'elles n'auraient pas fait dans un intérêt particulier.

On pourrait, au reste, dans les commencements, essayer le système des bibliothèques roulantes avec des bibliothèques dont l'État serait seul propriétaire et maître.

X

BIBLIOTHÈQUES PÉDAGOGIQUES.

CONCESSIONS FAITES EN 1876-1877 ET JUSQU'AU 7 MARS 1878.

A côté des bibliothèques scolaires il faudrait placer les bibliothèques pédagogiques. Ces dernières sont de création toute récente (1876-1877); elles sont dues à l'initiative des instituteurs et sont à leur usage personnel. Placées le plus souvent dans un chef-lieu de canton, entretenues, alimentées par les dons de l'État et par des cotisations individuelles, elles sont en général à la disposition des seuls souscripteurs. Elles renferment des traités de pédagogie proprement dite et des ouvrages d'enseignement d'un niveau plus élevé que celui de l'enseignement primaire supérieur lui-même.

Ce sont MM. les Recteurs qui sont chargés d'examiner les statuts de ces bibliothèques et d'en autoriser l'ouverture.

Ces sortes de bibliothèques n'ont pas encore donné de résultats assez certains pour qu'il soit possible de les apprécier. Disons seulement que l'Administration supérieure regarde avec bienveillance cette tentative et l'encourage. Nous n'en parlons donc que pour mémoire et nous nous bornons à donner la liste de celles qui existent actuellement.

<table>
<tr><td rowspan="29">Bibliothèques
pédagogiques</td><td>de la Société des instituteurs et institutrices du Rhône.</td></tr>
<tr><td>de la ville de Nancy (Meurthe-et-Moselle).</td></tr>
<tr><td>de Saint-Martin-de-Ré (Charente-Inférieure).</td></tr>
<tr><td>de l'arrondissement de Valenciennes (Nord).</td></tr>
<tr><td>de la Jarrie (Charente-Inférieure).</td></tr>
<tr><td>du département de la Haute-Vienne.</td></tr>
<tr><td>d'Auxerre (Yonne).</td></tr>
<tr><td>de l'arrondissement de Vire (Calvados).</td></tr>
<tr><td>de l'arrondissement de Saint-Quentin (Aisne).</td></tr>
<tr><td>du canton de Barcelonnette (Basses-Alpes).</td></tr>
<tr><td>du département du Calvados.</td></tr>
<tr><td>de Montargis (Loiret).</td></tr>
<tr><td>d'Orléans (Loiret).</td></tr>
<tr><td>de Troarn et Bourguébus (Calvados).</td></tr>
<tr><td>du canton d'Oulchy-le-Château (Aisne).</td></tr>
<tr><td>de l'arrondissement de Nîmes (Gard).</td></tr>
<tr><td>d'Évrecy (Calvados).</td></tr>
<tr><td>du canton de Pont-l'Évêque (Calvados).</td></tr>
<tr><td>du viie arrondissement de Paris.</td></tr>
<tr><td>du canton de Creully (Calvados).</td></tr>
<tr><td>de Douvres (Calvados).</td></tr>
<tr><td>de Tilly (Calvados).</td></tr>
<tr><td>de Villers-Bocage (Calvados).</td></tr>
<tr><td>du Havre (Seine-Inférieure).</td></tr>
<tr><td>de Mouthe, à Saint-Antoine (Doubs).</td></tr>
<tr><td>de l'arrondissement de Rambouillet (Seine-et-Oise).</td></tr>
<tr><td>de Balleroy (Calvados).</td></tr>
<tr><td>de Chevreuse (Seine-et-Oise).</td></tr>
</table>

<table>
<tr><td rowspan="40" style="vertical-align: middle;">Bibliothèques
pédagogiques
(Suite.)</td></tr>
</table>

Bibliothèques pédagogiques (Suite.)

de Dourdan (Seine-et-Oise).

de Saint-Arnoult (Seine-et-Oise).

de Limours (Seine-et-Oise).

de Montfort-l'Amaury (Seine-et-Oise).

de l'arrondissement de Lisieux (Calvados).

de Gien (Loiret).

de Villers-Cotterets (Aisne).

de Cambremer (Calvados).

de Dun-sur-Meuse (Meuse).

de Sens (Yonne).

de Châtel (Vosges).

de Lagord (Charente-Inférieure).

d'Olargues (Hérault).

d'Olonzac (Hérault).

de Saint-Pons (Hérault).

de la Salvetat (Hérault).

de Saint-Chinian (Hérault).

de l'arrondissement de Saint-Marcellin (Isère).

de Pont-en-Royans (Isère).

de Rives (Isère).

de Viriville (Isère).

de Saint-Étienne (Isère).

de Saint-Geoire (Isère).

de Tullins (Isère).

de Vinay (Isère).

de Saint-Claude (Jura).

des Bouchoux (Jura).

de Moirans (Jura).

de Morez (Jura).

de Saint-Laurent (Jura).

d'Épinal (Vosges).

de Bains (Vosges).

de Bruyères (Vosges).

de Rambervillers (Vosges).

de Xertigny (Vosges).

d'Aulnay (Calvados).

du Beny-Bocage (Calvados).

de Saint-Séver et Vassy, arrondissement de Vire (Calvados).

Bibliothèques pédagogiques (*Suite.*)
- de Lyon (Rhône).
- de Thonon (Haute-Savoie).
- de Caumont (Calvados).
- de l'École supérieure de Trouville-sur-Mer (Calvados).

En tout soixante-dix bibliothèques pédagogiques existant au 1ᵉʳ mars 1878.

XI

RÉSUMÉ ET CONCLUSIONS.

Permettez-moi donc, Monsieur le Ministre, avant de terminer ce rapport, de réunir quelques observations éparses et d'insister sur les faits principaux que j'ai cru devoir vous signaler.

Au moment où s'ouvre l'année 1879, il existe en France 18,000 communes qui possèdent des bibliothèques scolaires, mais il reste à en créer un nombre au moins égal.

Ce service, que je dirige presque sans interruption depuis l'origine, doit être considéré comme l'auxiliaire le plus précieux pour développer l'enseignement primaire, pour compléter l'éducation et la moralisation du peuple.

Dans toute l'Europe, l'Exposition universelle l'a constaté, il ne fonctionne qu'en France. C'est donc à la France de continuer à donner l'exemple; c'est à la France qu'il appartient de le mener aussi près que possible de la perfection.

Mais pour que nos bibliothèques réalisent tout le bien que l'on est en droit d'attendre, il faut :

Que la Commission des bibliothèques, sans s'écarter de la haute sagesse et de l'esprit d'impartialité qui l'a toujours animée, multiplie ses efforts et, en augmentant sans cesse avec le même discernement les catalogues, introduise une variété de plus en plus grande parmi les livres mis à la disposition des lecteurs;

Qu'une inspection vigilante empêche la destruction des bibliothèques existantes, assure la conservation des livres, empêche les abus et fasse exécuter les règlements.

Il faut surtout :

De l'argent pour faire relier les livres que le Ministère envoie ou que les communes achètent; il faut prohiber l'introduction d'ouvrages brochés;

De l'argent pour permettre de renouveler dans de certaines limites les fonds des bibliothèques déjà créées;

De l'argent pour créer des bibliothèques nouvelles dans la moitié de la France.

C'est à vous seul, Monsieur le Ministre, qu'incombe cette tâche difficile. Vous seul pouvez obtenir du Parlement les allocations qui sont indispensables; vous seul pouvez inviter MM. les Préfets à démontrer aux membres des conseils généraux ou des conseils municipaux que, s'ils portent un sérieux intérêt à l'enseignement primaire, ils doivent développer les bibliothèques scolaires.

Je suis avec respect, Monsieur le Ministre,

De Votre Excellence,

Le très obéissant serviteur.

Le Directeur des sciences et des lettres,

Baron DE WATTEVILLE.

Vu et approuvé :

Le Ministre de l'instruction publique,

A. BARDOUX.

Paris, le 31 décembre 1878.

II

PIÈCES ANNEXES.

PIÈCES ANNEXES.

N° 1.

EXTRAIT

DES RAPPORTS DES INSPECTEURS D'ACADÉMIE [1].

(1876.)

AISNE.

Les bibliothèques intéressantes par le nombre et la variété de leurs ouvrages sont toujours en minorité et représentent à peine le tiers de l'ensemble. Toutes les autres auraient besoin d'être augmentées et complétées. Quelques-unes même offrent si peu d'attraits qu'elles sont comme abandonnées de leurs lecteurs.

Les libéralités de l'État peuvent seules améliorer cette fâcheuse situation, car *les communes ne prennent aucune part au progrès* réel mais fort lent de cette excellente institution.

ALLIER.

L'Œuvre des bibliothèques scolaires n'a pas réussi dans le département. Le mouvement qui s'était manifesté il y a quelques années en faveur de ces établissements s'est considérablement ralenti.

Les livres ont été lus et relus : ce ne sont que des simulacres de bibliothèque destinés à disparaître avec les livres, voire même avant l'armoire qui les contient. Nous savons trop bien quel fond l'on peut faire à leur

[1] Nous n'avons donné des rapports de MM. les Inspecteurs que les extraits qui prouvent que les bibliothèques négligées ou abandonnées sont celles qui ont été *trop lues.*

égard sur la générosité des municipalités, pour espérer le terme de cette situation précaire; et si le secours ne vient pas du dehors, l'existence des bibliothèques scolaires me semble sérieusement menacée, et cela dans un temps rapproché.

ALPES-MARITIMES.

Les conditions dans lesquelles vivent ou plutôt végètent ces bibliothèques expliquent la décadence en quelque sorte fatale de l'institution. *La curiosité émoussée des lecteurs réclame des aliments nouveaux,* et partout, loin de s'accroître, le nombre des volumes diminue d'année en année par suite des dégradations et des prêts, sans que jusqu'ici ni les communes ni le département aient comblé les vides faits dans les rayons.

ARDENNES.

Le nombre des prêts a diminué sur l'année dernière.

Ce n'est point pourtant que nos bibliothèques aient perdu des lecteurs, ni que le goût de la lecture se soit affaibli; c'est que *la plupart des livres* qui existent aujourd'hui dans nos bibliothèques *ont déjà été lus et relus* par les lecteurs habituels. Il faudrait, pour obtenir un plus grand nombre de prêts, beaucoup d'acquisitions nouvelles.

HAUTE-GARONNE.

Il faudrait reconnaître que le goût de la lecture est peu répandu dans nos populations.

Pour réagir contre cette indifférence, il serait nécessaire que M. le Ministre voulût bien faire de larges concessions de livres, attendu que ceux qui existent actuellement dans les bibliothèques *ont été lus très souvent* et ne présentent plus qu'un attrait secondaire.

INDRE.

Les habitants des campagnes montrent, en général, peu d'empressement à lire des ouvrages médiocrement variés et *trop rarement renouvelés.* Il faudrait que, partout où l'école est dotée d'une bibliothèque, une petite somme fût inscrite annuellement au budget communal pour son entretien.

ISÈRE.

Les chiffres prouvent que l'OEuvre des bibliothèques scolaires se maintient, mais ne se développe pas autant qu'il serait à souhaiter. Sans doute il y a chaque année un effort et un progrès accompli, mais cet effort est peu vigoureux et ce progrès est lent.

Pour améliorer cette situation, il serait à souhaiter que *les communes fussent autorisées à faire entre elles des échanges ;* tel livre qui n'est plus lu dans un village est inconnu dans le village voisin ; tel ouvrage qui manque à une bibliothèque se trouve à deux ou trois exemplaires dans la bibliothèque d'à côté. Un échange intelligent permettrait de renouveler en quelque sorte chaque année et presque sans frais le fonds des bibliothèques.

RHÔNE.

Le nombre des prêts a diminué.

Ce résultat tient à ce que les bibliothèques ne se composent que d'un petit nombre de volumes qui, *une fois lus, ne sont pas redemandés.*

SAVOIE.

Le nombre des prêts, qui est descendu de 5,707 à 3,791, malgré une augmentation de 1,881 volumes, accuserait un déclin sérieux dans le goût de la lecture, si un ralentissement si marqué n'avait sa cause véritable dans *le lent renouvellement des bibliothèques. La plupart des volumes ont été lus et relus.*

VAR.

La diminution dans le nombre des prêts a des causes multiples : la *plupart des livres ont déjà été lus* et la curiorité des lecteurs n'est plus stimulée par l'attrait de la nouveauté. Il est à regretter aussi que beaucoup d'instituteurs n'apportent pas tout le concours désirable au développement d'une institution appelée à peser d'un grand poids dans les destinées de l'instruction primaire.

N° 2.

PREUVES DE LA DIVISION NOUVELLE DE LA FRANCE.

Veut-on d'autres exemples de cette division et plus frappants encore ? Que l'on examine, dans les *Mémoires de la Société d'anthropologie de Paris*, le remarquable travail de M. le docteur Paul Broca, sur les exemptions militaires pour défaut de taille, de 1837 à 1849 inclusivement, et l'on trouvera environ 46 sur 1,000 exemptés dans la région Nord et Est, 89 dans la région Sud et Ouest [1].

Le docteur Lagneau, membre de la Société d'anthropologie de Paris, donne des chiffres analogues dans deux intéressantes brochures publiées chez Victor Masson sous les titres de : *Du recrutement de l'armée sous le rapport anthropologique* (1867), et *Considérations médicales et anthropologiques sur la réorganisation de l'armée en France*, mémoire lu à l'Académie de médecine dans sa séance du 18 juillet 1871.

«Tandis que, de 1837 à 1849, dit-il, sur 1,000 examinés, le Doubs «n'avait que 23 exemptés pour défaut de taille, le département de la «Haute-Vienne en avait 176. Tandis que, de 1836 à 1840, sur 1,000 exa-«minés, le Doubs comptait 156 hommes d'au moins 1^m,732, taille des «cuirassiers, le département de la Haute-Vienne n'en avait que 31.»

De son côté, le docteur Boudin, médecin principal des armées, dit : «Le minimun des exemptions de taille est présenté non seulement par «le département du Doubs, mais aussi par ceux du Jura et de la Côte-d'Or, «également peuplés en partie par les descendants de ces Burgondes que «Sidoine Appolinaire, dans son langage poétique, nous dit avoir sept «pieds romains de haut : *hic Burgundis septipes frequentar* (Liber VIII, «épist. IX).

«Au contraire, la portion maxima des exemptions pour défaut de taille «est présentée par le groupe des départements de la Haute-Vienne, de la «Corrèze, du Puy-de-Dôme, de la Dordogne et du Lot [2].»

Si nous cherchions des exemples d'une autre nature, nous pourrions

---

[1] *Recherches sur l'ethnologie de la France.* Mémoire lu à la Société d'anthropologie de Paris, le 21 juillet 1859, par M. Paul Broca. (*Mémoires de la Société d'anthropologie*, t. I.)

[2] *Mémoires de la Société d'anthropologie de Paris.* Tome II, p. 225 à 230.

citer la curieuse étude du docteur Magitot, sur la carie dentaire [1], et nous remarquerions la même division de la France en deux parties moins dissemblables, quoique nettement tranchées. De ce travail il ressort que les deux régions diffèrent encore par la dentition. L'une, celle du Midi et de l'Ouest, présente moins de cas de carie dentaire que celle du Nord et de l'Est.

L'archéologie elle-même apporte des preuves à l'appui de la division que nous venons d'établir. Ouvrez le *Dictionnaire archéologique de la Gaule, époque celtique*, publié par la Commission instituée au Ministère de l'instruction publique [2]. La magnifique carte des dolmens et des tumuli-dolmens de la Gaule, dressée par M. Alexandre Bertrand, montre que l'immense majorité de ces monuments mégalithiques, les plus anciens de tous, se trouvent presque uniquement dans les régions de l'Ouest et du Sud. Elle prouve que même à ces époques qui se perdent dans l'obscurité des temps, la loi de répartition des populations était déjà la même que celle dont nous avons tracé la division.

Pour résumer cet ensemble de faits en groupant les résultats principaux sans entrer dans le détail et en s'en tenant aux grandes lignes, on peut dire :

Que la région du Nord et de l'Est se compose des terrains crétacés, jurassiques, permiens, triasiques et carbonifères [3] ;

Qu'elle a été peuplée par la race belge ou kymrique avec mélange de sang germain ;

Qu'on y parle presque exclusivement le français [4] ;

Qu'elle présente le maximum :

Des bibliothèques scolaires ;

Du développement de l'instruction primaire ;

De la densité de la population ;

---

[1] *Recherches ethnologiques et statistiques sur les altérations du système dentaire*, par le docteur Magitot, membre de la Société d'anthropologie, de biologie, etc., mémoire lu à la Société d'anthropologie de Paris dans sa séance du 17 janvier 1867.

[2] Paris, Imprimerie nationale, 1875.

[3] De part et d'autre dans les deux régions, nous omettons à dessein les terrains modernes pour ne parler que des formations dominantes.

[4] A l'exception d'une faible partie du département du Nord où l'on parle le flamand, et des académies de Grenoble et d'Aix où l'on parle des dialectes dérivés du provençal ou le provençal.

De la mortalité;

De la taille [1];

Des crânes dolichocéphales;

Des naissances illégitimes;

De la criminalité;

Du nombre des procès;

Des chemins de fer;

Des machines à vapeur fixes;

De la population industrielle;

Du bien-être calculé d'après les impôts;

De la production de la houille, du froment, de l'avoine, de la bette-
rave, du colza;

De l'élevage du cheval.

La région du Sud et de l'Ouest, au contraire, est formée en grande
partie par les terrains primitifs, cristallins, paléozoïques, volcaniques.

Elle a été primitivement habitée par les Ibères, les Celtes, les Romains.

On y rencontre deux langues absolument distinctes du français : le
breton et le basque. On y parle, sur une grande partie, des dialectes dérivés de la langue d'Oc ou la langue d'Oc elle-même.

Elle présente le maximum :

Des naissances en général;

Des naissances légitimes;

Des mariages;

Des crânes brachycéphales;

De l'inscription maritime;

De la population agricole;

De la production de la vigne [2], de l'olivier, de la garance, du maïs et
du sarrasin;

De l'élevage des bœufs, des moutons, des ânes et mulets et des vers à
soie.

[1] Les armes de la cavalerie et de l'artillerie se recrutent presque exclusivement dans cette
région.

[2] La vigne est cultivée dans les deux régions, et la région du Nord et de l'Est peut à bon droit
s'enorgueillir des vins de la Champagne et de la Bourgogne. Mais les départements de l'Hérault,
de la Charente-Inférieure et de l'Aude, de la Charente et de la Gironde se placent en tête de la
production française.

Il y a donc lieu d'appeler l'attention des géographes, des anthropologistes, des législateurs, des moralistes, sur les faits que nous avons cherché à établir et sur cette division nouvelle de la France en deux régions distinctes.

N° 3.

CAHIER DES CHARGES

POUR

LA FOURNITURE DE LIVRES AUX BIBLIOTHÈQUES SCOLAIRES.

ARTICLE PREMIER. L'adjudicataire s'engage envers le Ministre de l'instruction publique :

1° A fournir aux bibliothèques scolaires communales, sur leur demande, en totalité ou en partie, les livres portés à la première liste du catalogue ci-joint ;

2° A faire relier ces livres conformément aux modèles annexés au présent cahier des charges ; toutefois, l'adjudicataire n'est pas soumis à cette obligation pour les livres et brochures dont le prix fort ne dépasse pas 5o centimes et pour ceux qui se vendent avec un cartonnage, pourvu, toutefois, que ce cartonnage offre des garanties de solidité suffisante et reconnues par l'Administration ;

3° A les emballer dans des conditions de solidité suffisante ;

4° A expédier le colis ou la caisse *franco* par le chemin de fer jusqu'à la station la plus rapprochée de la commune destinataire.

L'expédition doit avoir lieu dans le délai de quinze jours, à compter de la réception de la commande par l'adjudicataire.

ART. 2. La fourniture, la reliure et les divers services déterminés par l'article précédent sont faits par l'adjudicataire moyennant le payement, par la bibliothèque acquéreur, du prix résultant, pour chaque ouvrage porté au catalogue, du rabais consenti par l'adjudicataire sur le prix fort indiqué au catalogue pour l'ouvrage broché.

Art. 3. Seront admis à soumissionner les libraires, éditeurs et commissionnaires en librairie dûment patentés et brevetés.

Ils devront justifier d'un cautionnement de cinq mille francs.

Art. 4. Sera déclaré adjudicataire le soumissionnaire qui aura consenti le rabais le plus élevé sur les prix forts indiqués au catalogue. Il s'agit d'un rabais unique de   p. o/o [1], qui portera uniformément sur toute fourniture de livres demandée par les communes.

Art. 5. L'adjudication est faite pour une période de trois, six ou neuf ans, à la volonté des parties contractantes. Elle sera de plein droit continuée à l'expiration de chacun des deux premiers termes, si l'une des deux parties contractantes ne l'a pas dénoncée trois mois à l'avance.

Elle s'étendra de plein droit à tous les ouvrages admis par le Ministre, sur l'avis de la Commission permanente des bibliothèques scolaires, et portés avec cette mention soit au Bulletin administratif du Ministère, soit sur les catalogues supplémentaires qui seront publiés par l'Administration, et cela trois mois après la publication officielle.

Art. 6. Les bibliothèques scolaires ne sont nullement tenues d'adresser à l'adjudicataire leurs demandes de livres, même en ce qui concerne les ouvrages portés sur les catalogues recommandés; elles restent entièrement libres de se procurer les ouvrages, soit en s'adressant directement aux éditeurs qui les publient, soit en traitant à Paris ou dans les départements avec d'autres intermédiaires.

Celles qui voudront jouir des avantages de l'adjudication devront adresser au Ministre de l'instruction publique une demande conforme au modèle annexé au présent cahier des charges, et indiquant :

1° Le montant de la somme destinée à un achat de livres ;

2° La liste des ouvrages choisis dans le catalogue également joint au cahier des charges ou dans ceux qui seront publiés ultérieurement, avec l'indication exacte de la série à laquelle appartient l'ouvrage, du numéro d'ordre, du titre, du nom de l'auteur et du prix fort;

3° La gare de chemin de fer la plus voisine de la commune et la ligne sur laquelle cette gare est située.

***

[1] Le rabais consenti par la maison Paul Dupont est, nous l'avons dit déjà, de 10 p. o/o.

Art. 7. Ces demandes, après avoir été visées au Ministère, seront envoyées chaque jour, et au fur et à mesure de leur arrivée, à l'adjudicataire, avec leur numéro d'ordre reproduit sur un état spécial qui devra les accompagner.

L'adjudicataire devra renvoyer ledit état et les demandes qui l'accompagnent aussitôt après l'exécution des ordres, c'est-à-dire dans un délai de quinze jours au plus.

Il devra en outre adresser à l'Administration, dans les trois premiers jours de chaque trimestre, un état récapitulatif, détaillé commune par commune, des commandes faites, avec indication de la date de la commande, de celle de l'exécution, du nombre des volumes expédiés et des sommes.

Art. 8. L'adjudicataire se soumet au contrôle de l'Administration. Il s'engage à communiquer, à toute réquisition, au délégué du Ministre, les livres et pièces de comptabilité relatives aux services compris dans l'adjudication.

Il devra spécialement avoir un livre journal portant tous les renseignements détaillés énoncés dans la formule de commande jointe au présent cahier des charges.

Art. 9. Le Ministre réserve à son délégué le droit de vérifier les reliures exécutées par l'adjudicataire, soit en les déchirant, en cas de besoin, sans indemnité, soit par tout autre mode de vérification.

Art. 10. Le Ministre de l'instruction publique ne garantit en aucune façon à l'adjudicataire ses créances sur les communes, et n'entend encourir à cet égard aucune responsabilité.

Art. 11. L'adjudicataire ne pourra, sous aucun prétexte, substituer un ouvrage à un de ceux commandés, alors même que ce dernier serait épuisé en librairie. Il devra, dans ce cas, renvoyer la commande à l'Administration en signalant l'ouvrage épuisé. Celle-ci désignera l'ouvrage qui devra le remplacer sur la feuille de commande qu'elle renverra rectifiée à l'adjudicataire, et informera officiellement le maire de la substitution.

Art. 12. L'adjudicataire ne pourra joindre à ses envois aucun papier manuscrit ou imprimé, aucun catalogue ni aucune pièce. Le ballot ne devra contenir absolument que les seuls ouvrages commandés.

ART. 13. L'adjudicataire pourra faire tirer à ses frais, et répandre, s'il le juge à propos, un certain nombre d'exemplaires du catalogue officiel, mais à la condition expresse de le tenir au courant, et de faire figurer, sur chacun de ses tirages, la totalité des ouvrages approuvés et inscrits soit aux catalogues officiels, soit au Bulletin administratif, jusqu'au jour même du tirage. Il ne pourra y joindre ni couverture imprimée, ni annonce, ni catalogue, et devra l'imprimer absolument dans la forme des catalogues officiels, sans aucune indication étrangère. Il ne pourra jamais le distribuer avec les catalogues de sa maison.

ART. 14. Les communes qui auraient à formuler quelque réclamation devront l'adresser directement au Ministre de l'instruction publique.

ART. 15. Le nouvel adjudicataire devra prendre au prix d'estimation ceux des volumes reliés conformément au modèle qui se trouvent dans les magasins de l'ancien adjudicataire, sauf ceux provenant de la maison Dupont.

ART. 16. En cas d'inexécution des conditions du présent cahier des charges, l'adjudication peut être résiliée par le Ministre, sans que l'adjudicataire puisse réclamer aucune indemnité.

ART. 17. Pour le payement du prix des livres commandés en vertu de l'adjudication, le maire délivre, sur la caisse du receveur municipal, un mandat au profit, non de l'adjudicataire, mais du trésorier général, qui s'en charge en recette, à titre de *cotisations municipales* et *particulières*, et qui reste ensuite chargé de faire parvenir les fonds à l'adjudicataire en un mandat sur le Trésor et, par suite, sans qu'il en résulte aucuns frais pour les communes.

ART. 18. Les frais d'adjudication et d'enregistrement du présent cahier des charges restent à la charge de l'adjudicataire.

———————

PIÈCES ANNEXÉES.

Catalogue recommandé, certifié et visé.
Modèles de reliures.
Modèles de commandes [1].

Paris, le 15 janvier 1872.

Vu et approuvé :

Le Ministre de l'instruction publique et des cultes,
Jules SIMON.

[1] Nous croyons devoir donner ce modèle :

MODÈLE DE COMMANDE.

La commune de   , arrondissement de   , département de   , met à la disposition de M. Paul Dupont, adjudicataire de la fourniture des livres aux bibliothèques scolaires, la somme de [a]   ci [b]   pour lui fournir les ouvrages dont la liste est ci-jointe, qui sont destinés à la bibliothèque scolaire des adultes et qui devront être reliés et expédiés en franchise, par petite vitesse, dans le délai de quinze jours à partir de la réception de la commande, par l'adjudicataire, à la gare de   , ligne de   ,

Le Maire,   *L'Instituteur,*

Cachet de la mairie.   Visa du Ministère de l'instruction publique.

BIBLIOTHÈQUE SCOLAIRE

DE LA COMMUNE D

ARRONDISSEMENT D

DÉPA   ENT D

COMMANDE DE LIVRES.

NUMÉROS D'ORDRE.	NOMS DES AUTEURS.	TITRES DES OUVRAGES.	NOMBRE DE VOLUMES.	FORMAT.	PRIX FORT.
		Série A. — *Ouvrages généraux.* — *Grammaires, etc.*			
		Série B. — *Morale et pédagogie.*			
		Série C et séries suivantes. (*Comme au catalogue.*)			
		Prix total de la commande au prix fort...........			
		Remise de 10 o/o à déduire...........			
		Somme totale due par la commune pour la fourniture des ouvrages reliés et envoyés *franco*.			

[a] Indiquer la somme en toutes lettres.
[b] Indiquer la somme en chiffres.

N° 4.

MODÈLE DU TIMBRE

PRESCRIT POUR LES BIBLIOTHÈQUES SCOLAIRES.

———

Ce timbre a été exécuté conformément aux prescriptions de la circulaire du 31 janvier 1863. Il est
destiné à établir et à constater la propriété de la
commune sur les livres prêtés aux familles, et par
le numéro du catalogue indiqué en exergue, il faci-
lite les recherches et le classement régulier des
volumes.

MODÈLES DES DIFFÉRENTS REGISTRES

PRESCRITS POUR LA TENUE DES ÉCRITURES D'UNE BIBLIOTHÈQUE SCOLAIRE.

DÉPARTEMENT

d

ARRONDISSEMENT

d

N° 5.

BIBLIOTHÈQUE SCOLAIRE.

ACADÉMIE

d

MODÈLE N° 1.

ÉCOLE PUBLIQUE d

Proposition pour acquisitions au compte de la bibliothèque.

NOMBRE des EXEMPLAIRES.	DÉSIGNATION DES OUVRAGES. TITRE DE L'OUVRAGE, format, nombre des volumes, nom de l'éditeur.	PRIX de CHAQUE OUVRAGE.	OBSERVATIONS.
1	2	3	4

Vu :

A   , le   187 .   Fait à   , le   187 .

L'Inspecteur primaire,   Vu :   *L'Instituteur,*

A   , le   187 .

L'Inspecteur d'académie,

Aucun ouvrage destiné aux familles ne peut être placé dans la bibliothèque, soit qu'il provienne d'acquisitions, soit qu'il provienne de dons faits par les particuliers, sans l'autorisation de l'inspecteur d'académie, qui doit mentionner l'acquisition ou le rejet dans la colonne *Observations*.

<table>
<tr><td>DÉPARTEMENT

d
—

ARRONDISSEMENT

d</td><td align="center">N° 6.

BIBLIOTHÈQUE SCOLAIRE.

——</td><td>ACADÉMIE

d
—

MODÈLE N° 2.</td></tr>
</table>

ÉCOLE PUBLIQUE

d

——

CATALOGUE DES LIVRES.

——

PREMIÈRE SECTION. — Livres destinés aux familles.

DEUXIÈME SECTION. — Livres de classe.

Aucun ouvrage ne peut être placé dans la bibliothèque, soit qu'il provienne d'acquisitions, soit qu'il provienne de dons et legs faits par des particuliers, sans l'autorisation de l'inspecteur d'académie. (*Modèle n° 1.*)

L'instituteur doit inscrire chaque ouvrage par ordre de date, en mentionnant s'il provient d'acquisitions ou de dons et legs.

Le numéro d'ordre ou d'enregistrement des ouvrages est porté sur le titre des volumes.

Lorsqu'un livre cesse de faire partie de la bibliothèque par une cause quelconque, mention doit en être faite à la colonne *Observations.*

Chaque année, au 31 décembre, l'instituteur dresse, en présence du maire, la situation de la bibliothèque. (*Modèle n° 4.*)

A chaque changement d'instituteur, un procès-verbal de récolement est fait et signé par l'instituteur sortant et par son successeur.

Le présent registre, coté et parafé par le maire, est visé par l'inspecteur de l'instruction primaire lors de l'inspection de l'école; il est communiqué aux autorités scolaires à toute réquisition. (*Arrêté du 1er juin 1862.*)

N°s D'ORDRE. 1	DATE DE L'ENTRÉE DES LIVRES. — Année, mois, jour. 2	NOMBRE des EXEMPLAIRES de chaque ouvrage. 3	DÉSIGNATION DES LIVRES. — TITRE DE L'OUVRAGE, FORMAT, nombre des volumes, nom de l'éditeur. 4	NOMBRE DES VOLUMES entrés dans la bibliothèque. 5
1				
2				
3				
4				
5				
6				
7				
8				
9				
10				
11				
12				
13				
14				
15				
16				
17				
18				
19				
20				
21				
22				
23				
24				

INDICATION DE L'AUTORISATION ministérielle ou académique. 6	ACQUISITIONS. — TOTAL du prix d'achat. 7		DONS ET LEGS. — — NOMS DES DONATEURS. 8	OBSERVATIONS. 9	NOMBRE DES VOLUMES ne faisant plus partie de la bibliothèque. 10
	fr.	cent.			

DÉPARTEMENT   N° 7.   ACADÉMIE

d   *d*

BIBLIOTHÈQUE SCOLAIRE.

ARRONDISSEMENT

d   MODÈLE N° 3.

ÉCOLE PUBLIQUE

d

REGISTRE

DES RECETTES ET DES DÉPENSES.

Toutes les recettes doivent être inscrites dès qu'elles se produisent. L'instituteur doit en mentionner l'origine : fonds spéciaux de la commune, souscriptions, dons, legs, cotisations volontaires, remboursements de pertes, etc.

Toutes les dépenses sont également inscrites dès qu'elles se produisent. L'instituteur doit aussi en indiquer la nature : achats de livres de classe, achats de livres destinés aux familles, frais divers, etc.

L'instituteur doit conserver et classer dans un ordre méthodique les mémoires, les quittances, les lettres et toutes les pièces de correspondance relatives à la bibliothèque.

Chaque année, au 31 décembre, l'instituteur dresse, en présence du maire, la situation de la caisse. (*Modèle n° 4.*)

A chaque changement d'instituteur, un procès-verbal de la situation de la caisse est fait et signé par l'instituteur sortant et par son successeur.

L'instituteur sortant n'est déchargé de toute responsabilité qu'après avoir obtenu de l'inspecteur primaire un certificat constatant l'accomplissement des formalités susindiquées et la prise en charge par son successeur.

Le présent registre, coté et parafé par le maire, est visé par l'inspecteur de l'instruction primaire lors de l'inspection de l'école ; il est communiqué aux autorités scolaires à toute réquisition.

A son passage dans l'école, l'inspecteur primaire contrôle les recettes et les dépenses, et constate, s'il y a lieu, les irrégularités. (*Arrêté du 1er juin 1873, art. 8.*)

6.

RECETTES.

DATE DE LA RECETTE. — ANNÉE, MOIS, JOUR. 1	NATURE DES RECETTES. 2	MONTANT DE LA RECETTE. 3
		fr. | cent.

DATE DE LA DÉPENSE. — ANNÉE, MOIS, JOUR. 4	NATURE DES DÉPENSES. 5	MONTANT DE LA DÉPENSE. 6	
		fr.	cent.

DÉPARTEMENT   N° 8.   ACADÉMIE

d

ARRONDISSEMENT   **BIBLIOTHÈQUE SCOLAIRE.**   *d*

d   MODÈLE N° 4.

ÉCOLE PUBLIQUE *d*

Situation de la bibliothèque et de la caisse au 31 décembre 187   .

SITUATION DE LA BIBLIOTHÈQUE.	SITUATION DE LA CAISSE.
Iʳᵉ Section. — *Livres destinés aux familles.*	Le 31 décembre 187 , la caisse de la bibliothèque possédait . . . . fr. c.
Le 31 décembre 187 , les volumes composant cette section étaient au nombre de.	Les recettes de l'année se sont élevées à la somme de. . . . .
Les volumes entrés pendant l'année, par suite d'acquisitions ou de dons, sont au nombre de.	Total. . . . .
Total.	Les dépenses de l'année se sont élevées à la somme de. . . . .
Les volumes détruits ou perdus pendant l'année sont au nombre de	La caisse possède ce jour. . . . .
Les volumes composant ce jour ladite section sont au nombre de.	Les recettes se subdivisent comme il suit :
IIᵉ Section. — *Livres de classe.*	Fonds spéciaux de la commune. . . . .
Le 31 décembre 187 , les volumes composant cette section étaient au nombre de.	Souscriptions . . . .
	Dons. . . . .
Les volumes entrés pendant l'année, par suite d'acquisitions ou de ns, sont au nombre de.	Legs . . . .
	Cotisations volontaires. . . . .
Total.	Remboursements des pertes ou dégradations . . . .
Les volumes détruits ou perdus pendant l'année sont au nombre de.	Total. . . . .
Les volumes composant ce jour ladite section sont au nombre de.	Les dépenses se subdivisent comme il suit :
RÉCAPITULATION.	Achats de livres de classe. . . . .
Nombre des volumes de la Iʳᵉ section . . .	Achats de livres destinés aux familles. . . .
Nombre des volumes de la IIᵉ section . . .	Frais divers. . . . .
Total.	Total . . . .

Certifié conforme aux registres :   Fait à   , le 31 décembre 187   .

Le Maire,   *L'Instituteur,*

La situation de la bibliothèque s'établit au moyen des colonnes 5 et 10 du catalogue des livres; celle de la caisse, en additionnant les colonnes 3 et 6 du registre des recettes et des dépenses.

<table>
<tr><td>

DÉPARTEMENT

d

———

ARRONDISSEMENT

d

</td><td>

N° 9.

BIBLIOTHÈQUE SCOLAIRE.

———

</td><td>

ACADÉMIE

d

———

MODÈLE N° 5.

</td></tr>
</table>

ÉCOLE PUBLIQUE

d

———

REGISTRE D'ENTRÉE ET DE SORTIE

DES LIVRES PRÊTÉS AU DEHORS DE L'ÉCOLE.

Les familles auxquelles les livres sont prêtés doivent prendre l'engagement de les remettre en bon état de conservation ou d'en restituer la valeur ; elles donnent à l'instituteur, au moment du prêt, un récépissé constatant l'état des livres.

Un livre en bon état peut être évalué à son prix d'achat ; le prix d'un livre médiocre peut être diminué de moitié ; un livre en mauvais état subirait une réduction des trois quarts.

Le présent registre, coté et parafé par le maire, est visé par l'inspecteur de l'instruction primaire lors de l'inspection de l'école ; il est communiqué aux autorités scolaires à toute réquisition. (*Arrêté du 1er juin 1862, art. 8.*)

DATE DU PRÊT.	DÉSIGNATION DES LIVRES PRÊTÉS.	NOMBRE des VOLUMES	ÉTAT DES LIVRES AU MOMENT DU PRÊT.	VALEUR DES LIVRES	
ANNÉE, MOIS, JOUR.	TITRE DE L'OUVRAGE, FORMAT, TOME, nom de l'éditeur.	prêtés.	Bon, médiocre, mauvais.	en argent d'après leur état.	
1	2	3	4	5	
				fr.	cent.

NOM ET DEMEURE DES EMPRUNTEURS. 6	DATE DE LA RENTRÉE des livres. 7	NOMBRE DES VOLUMES rentrés. 8	ÉTAT DES LIVRES AU MOMENT DE LA RENTRÉE. Bon, médiocre, mauvais. 9	OBSERVATIONS. 10

TABLE DES MATIÈRES.

II. — Pièces annexes.

Modèles des différents registres prescrits pour la tenue des écritures
d'une bibliothèque scolaire.

RAPPORTS DU MÊME AUTEUR.

Rapport du Jury international (Exposition de 1867): globes, cartes, appareils pour l'enseignement de la géographie, in-8°. Paul Dupont, 1867 (*épuisé*).

Rapport au Ministre de l'instruction publique sur la collection des documents inédits de l'histoire de France et sur les actes du Comité des travaux historiques, in-4°. Imprimerie nationale, 1874.

Rapport au Ministre de l'instruction publique sur le service des missions et voyages scientifiques en 1875, in-8°. Imprimerie nationale, 1875 (*épuisé*).

Rapport au Ministre de l'instruction publique sur le service des missions et voyages scientifiques en 1876, in-8°. Imprimerie nationale, 1877 (*épuisé*).

Rapport au Ministre de l'instruction publique sur l'emploi de la photographie dans les établissements scientifiques et littéraires dépendant du Ministère, in-4°. Imprimerie nationale, 1877.